감정들이 내게 전하는 소중한 메세지에
커기울여 보십시오.
감사와 사랑의 마음을 담아...

Changwookee 이 창우

마인드
바이블

마인드
바이블

내가 몰랐던
내 감정의
비밀

이창우 지음

서우북스
SEOWOO BOOKS

의학자의 눈으로
인간의 마음을 읽어낸 놀라운 책

김경일 _ 인지심리학자. 『지혜의 심리학』 저자

　살다 보면 정말 뜻하지 않은 순간에 지혜로운 은인이 곁에서 조언해 주는 것 같은 책을 만날 때가 있다. 특히나 그 조언은 불안하고 초조하며 분노로 어쩔 줄 몰라 하는 혼란스러운 마음의 상태일 때 더더욱 소중하게 다가온다.

　우리 몸 안에서 일어나는 정교하고 신비롭지만 좀처럼 알아차릴 수 없는 중요한 일들을 너무나도 잘 느낄 수 있는 감정들과 연결시켜 설명해 줄 수 있는 사람이 세상에 몇이나 될까? 사람의 몸을 치료하는 의학자가 인간의 마음을 이해하는 지혜를 가져야만 가능한 일이다.

『마인드 바이블』은 우리의 몸과 마음 어느 것에든 관심이 있는 사람이라면 반드시 읽어야 하는 책이다. 놀라움을 넘어 또 하나의 창조를 보는 것 같아 기쁘다. 그리고 그의 지혜롭고도 깊은 조언에 감사한다.

평균수명 100세 시대
— 몸과 마음의 '건강'은 어떻게 챙겨야 하는가?

김정운 _ 문화심리학자. 여러가지문제연구소장

어지간히 재수가 없거나, 느닷없는 외계인의 침공만 없다면 누구나 100세까지 살게 되었다. '호모 헌드레드homo hundred'라는 용어까지 생겼다. 그냥 하는 이야기가 아니다. 유엔이 2009년에 발표한 '세계인구 고령화보고서'에 공식용어로 등장했다. 100세까지 살게 되었다는 것은 동물과 구별되는 '지혜로운 사람'을 뜻하는 '호모 사피엔스'의 출현만큼이나 혁명적이라는 이야기다. 지금 우리의 삶을 지배하는 모든 사회적 규칙은 평균수명 40세도 안될 때 결정된 것들이다. 심지어 '검은 머리 파뿌리 될 때까지'의 결혼제도마저 그렇다. '흰 머리 날 때까지' 사는 사람이 드물 때 이야기다. 이제는 흰머리가 가득해도 지금 '그 사람'과 수십 년을 함께 더 살아야 한다. 숨이 콱 막히지 않는가?

그 누구도 100세 시대를 겪어보지 않았기 때문에 우리 삶의 양상이 앞으로 어떻게 전개될지 예상하기 힘들다. 100세 시대에 우리는 무엇을 가장 심각히 고민하며 준비해야할까? 물론 '건강'이다! 그러나 다들 육체적 건강만 걱정한다. 마음의 건강에 대한 관심은 없다. 정신의학용어에 '사이코소매틱스psychosomatics'라는 개념이 있다. 심신증心身症이다. 마음과 몸의 상태가 서로 영향을 미쳐 생겨나는 질병을 뜻한다. 정신병리학에서 사이코소매틱스로 특정한 질병만 그런 것이 아니다. 근본적인 관점에서 본다면 인간의 모든 질병은 몸과 마음의 상관관계에서 일어난다.

　일상에서 몸과 마음의 건강을 어떻게 지켜야하는가를 심리적 현상과 신체적 증상을 연결시켜 설명해주는 책은 아주 드물다. 『마인드 바이블』은 그래서 참으로 귀한 책이다. 일상에서 우리가 겪은 아주 사소한 심리적 현상들, 특히 부정적 감정들이 신체적 증상과 어떻게 연관되어 있고, 또 어떻게 대처해야하는가를 아주 친절하게 설명해주고 있기 때문이다. 짜증, 미움, 불안, 외로움, 수치심, 분노, 열등감, 두려움, 질투, 원망, 우울과 같은 감정은 신체적 건강을 아무리 자신하는 사람이라도 매일 겪는 부정적 감정들이다. 다들 이 같은 부정적 감정들을 어찌 처리해야 할 줄 몰라, 그저 내버려두고 있을 따름이다. 그러다가 죄다 슬프게 죽어간다. 그래서 다들 『마인드 바이블』을 한 번씩 펼쳐보

고 내 마음의 건강을 체크해봐야 한다. 육체적 건강과
연관된 심리적 특징들을 제대로 알고 챙겨야 할 것 아
닌가.

정말 평균수명 100세 시대에 꼭 필요한 책이다!

차례

감정종합 선물세트를
받았습니다

하나님께서는 우리에게 다양한 감정을 주셨습니다. 행복, 기쁨, 평안, 즐거움, 재미, 신남, 감격스러움, 감사함 등의 감정들은 인간의 삶 속에 활기를 불어넣어, 이런 감정들 덕분에 우리는 이른바 '살맛나는 인생'을 살게 됩니다.

반면 슬픔, 분노, 짜증, 두려움, 섭섭함, 외로움과 같이 상대적으로 부정적인 것처럼 보이는 감정들도 있습니다. 또한 놀람, 동정심, 경계심과 같이 상황에 따라 다르게 적용될 수 있는 중립적인 감정들도 있습니다.

우리는 이렇게 다양한 감정들을 하루에도 수차례 느끼며 일상을 살아갑니다. 그러나 이런 감정이 어디에서 비롯된 것인가, 깊이 고찰해본 경험은 거의 전무할 것입니다. 우리가 매 순간 마주하는 감정들이 하나님께서 피조물인 인간에게 허락하신 선물이라는 사실을 쉽게 간과하게 되는 것입니다.

그렇다면 의문이 하나 듭니다. 하나님께서는 인간에게 좋은 감정만 허락하실 일이지 왜 다소 부정적이거나 부정적으로 느껴지는 애매한 감정까지 함께 선물해주셨을까요? 하나님께서는 짓궂은 분이라서? 인간을 시험하기 위해서? 설마, 그냥 심심하셔서 그러셨을까요?

하나님께서 왜 그러셨는지 인간의 편에서 멋대로 상상하거나 유추해보면 우리는 다양한 까닭을 찾을 수

마인드 바이블

있을 것입니다. 피조물인 우리가 창조주인 하나님의 뜻을 다 이해할 수는 없지만, 한 가지 분명한 것은 갖가지 감정들이 우리 안에 함께 존재하기에 결국에는 긍정적일 수 있다는 사실입니다. 마치 그림자를 보며 빛을 인식할 수 있고, 그림의 어두운 면과 밝은 면이 조화를 이루면서 아름다움을 구현해내듯 말입니다.

세상에 존재하는 모든 사물이 오직 한 가지 핑크색으로만 이루어져 있다면 과연 핑크색을 좋아하는 사람이 있을까요? 다양한 색이 있기에 그 중 가장 좋아하는 한 가지 색이 존재할 수 있는 것입니다. 그러나 자신이 아무리 핑크색을 좋아하는 취향을 갖고 있다 한들 취향이라는 건 변덕이 심해 며칠 못 가 180도 달라질 지도 모릅니다.

감정 또한 마찬가지입니다. 우리가 대개 부정적으로 보는 감정들은 하나님께서 우리에게 메시지를 보내는 통로 역할을 하게 됩니다. 때로는 따뜻하고 때로는 애매하고 때로는 고통스러운 감정을 통해 하나님께서 메시지를 주신다는 것입니다.

> "형통한 날에는 기뻐하고 곤고한 날에는 되돌아
> 보아라 이 두 가지를 하나님이 병행하게 하사 사
> 람이 그의 장래 일을 능히 헤아려 알지 못하게 하
> 셨느니라"
>
> 전도서 7:14

하나님께서는 우리에게 형통함뿐 아니라 곤고함도 함께 주셨습니다. 모든 일이 술술 풀리는 좋은 날뿐만 아니라 매사가 꼬이고 어려운 날들도 허락하셨다는 겁니다. 우리를 골탕 먹이고, 괴롭게 하려고 그러셨을까요? 아닙니다. 분명히 어떤 목적을 가지고 그렇게 하셨습니다.

우리 인생은 다사다난합니다. 좋은 일도 있고 마음대로 되지 않는 일도 있습니다. 가끔 어려운 일을 당할

마인드 바이블

때면 광야에 홀로 남겨져 버림받은 느낌이 들기도 합니다. 왜 나만 이런 일을 당해야 하는지 공연히 분통이 터질 때도 있습니다. 그런데 세상 모든 부귀영화를 다 누리며 살아본 솔로몬 왕은 전도서에 너무도 의연하게 이렇게 적고 있습니다. '좋은 일이든 나쁜 일이든 그 모든 일은 하나님께서 주관하시는 것이고, 그 일을 통해 하나님은 우리가 미래를 한치 앞도 알 수 없는 존재임을 깨닫게 하신다'고 말입니다. 살면서 겪는 모든 일을 통해 우리가 스스로의 한계를 깨닫게 될 때, 누군가의 도움을 바라게 되고, 그 때 비로소 창조주 하나님을 찾게 된다는 것입니다. 정말로 오묘한 이치입니다.

그러나 하나님은 우리를 마음대로 조종하시는 무자비한 분이 아니십니다. 인간에게 자유의지를 허락하셨고, 선택할 수 있는 권리를 부여해 주셨습니다. 다만 인정해야 할 것은 인간의 진정한 행복은 하나님을 찾고 바라는 것으로부터 시작된다는 사실입니다. 잠시의 부귀나 일시적인 만족함으로 느끼는 행복이 아니라 존재의 기쁨, 내면 깊은 데서부터 오는 영원한 행복을 바라봐야 합니다. 그것은 오직 창조주를 찾을 때에만 얻을 수 있는 보상인 것입니다.

하나님은 다양한 감정을 통해 우리가 스스로 무력함을 깨닫고, 진정한 도움 되시는 하나님을 찾을 수 있도록 하셨습니다. 인간은 누구나 감정을 느낍니다. 긍정적이든, 부정적이든 그것은 큰 의미가 없습니다. 중요한 것은 하나님을 찾아가는 길에 꼭 필요한 열쇠를 '감정'이라는 수단을 통해 모든 인간에게 쥐어주셨다는 사실입니다.

"나는 네가 행복하길 바란다. 이 열쇠를 쥐고 나를 찾아오렴" 하시는 것입니다. 죄로 인해 굳건히 채워진 자물쇠를 풀고 하나님께로 나아오라는 부르심입니다. 이 열쇠를 꼭 쥐고 당신을 찾아오라고 말씀하고 계신 것입니다.

형통함과 곤고함을 통해 우리를 영원한 구원으로 인도하시는 하나님, 그것은 내가 나 자신을 사랑하는 것보다 나를 더 사랑하시는 하나님이 내게 영원한 생명을 주시기 위해 선한 의도를 가지고 허락하신 일입니다.

"노하기를 더디 하는 것이 사람의 슬기요 허물을 용서하는 것이 자기의 영광이니라"

잠언 19:11

감정은 마음이라는 집에 살고 있는 가족구성원입니다.

우리 안에는 다양한 감정들이 살고 있습니다. 서러움, 미움, 사랑, 슬픔, 부끄러움, 두려움, 노여움, 이보다 더 많은 감정들이 있는데, 이 감정들은 우리 안에 살고 있는 가족들입니다. 감정을 굳이 가족에 비유한 것은 감정 하나하나가 부정적이든 긍정적이든 간에 모두 소중하기 때문입니다.

집 안에 말 안 듣는 사춘기 아들이 있어도 우리는 그 아이가 집에서 사라졌으면 좋겠다고 생각하지 않습니다. 마찬가지로 우리 안에 존재하는 감정들 중에서 어느 것 하나 필요치 않은 존재가 없습니다.

만일 슬픔과 두려움이 마음에 안 든다고 쫓아낸다면 어떻게 될까요? 감정들은 가족입니다. 감정의 가족은 서로가 서로를 미워할 수 없습니다. 사랑도 반대 감정인 미움을 소중히 여기고, 미움도 자신과 다른 사랑의 감정을 소중히 여깁니다.

두려움, 수치심과 같은 감정들을 우리는 타인에게 보여주고 싶지 않습니다. 이는 상처 받은 두려움과 수치심을 감춰두고 그 감정을 보호하려고 하는 본능이 우리 안에서 작동하고 있기 때문입니다. 우리 안에 일어나는 감정들은 좋다, 나쁘다, 뭐가 더 소중하다는 선악이 없습니다.

우리는 이와 같은 감정의 세계를 섬세하게 이해할
필요가 있습니다. 사람마다 집안의 방을 사용하는 방
식이 다르듯 어떤 사람은 분노의 감정이 주인 노릇을
하고 부끄러움을 화장실에 두거나, 기쁜 감정이 안방
을 차지하고 분노감이나 슬픔을 창고에 처박아 두기도
합니다. 저마다 자기의 감정을 다르게 배치하고 살아
갑니다. 그러나 그것도 사실은 다른 감정을 보호하고
추스르기 위한 방법입니다.

제가 아는 사람 중에 분노감을 자주 보이는 선배가
있습니다. 그는 사람들과 이야기를 하면서 자기의 분
노를 자주 표출했습니다. 국가에 대한 분노, 친구들에
대한 분노, 정부의 정책이나 체제에 대해, 심지어는 자
신의 가족에게까지 분노했습니다. 대단히 논리적이고
이성적으로 보이는 선배였지만, 불쑥 불쑥 튀어나오는
분노감 때문에 사람들은 자연스레 그 선배를 피하곤
했습니다. 그런데 그 선배에 대한 생각을 달리할만한

계기가 있었습니다. 그 선배가 여러 번 사람들이 자신의 이야기를 하는 것을 몰래 엿듣고 있었다는 것이 드러난 것입니다. 사람들이 삼삼오오 모여 있는 곳이 있으면 살그머니 뒤에 숨어서 자기 이야기를 하고 있지는 않은지 신경을 써왔던 것이었습니다.

그 이야기를 듣자 제 마음 속에선 선배에 대한 측은함이 일어났습니다. 선배의 분노감 이면에는 사실 사람들에게 인정받고 싶은 결핍이 있던 것이었습니다. 자신 안에 있는 부족함을 보상해 주고 싶어서 분노를 이용했던 것이었습니다.

이처럼 우리는 종종 분노를 추스르지 못해 불덩어리처럼 보이는 사람을 마주할 때가 있습니다. 그런 사람을 잘 관찰해보면 그 분노감 뒤에 숨어있는 다른 감정—수치심이 자리 잡고 있는 것을 볼 수 있습니다. 혹은 사랑받지 못한 것에 대한 결핍으로 반대급부인 분노감을 앞세우기도 합니다.

　　　　　　　　　　　　　　　마인드 바이블

누군가 내게 괜스레 화를 낸다면, 그에게는 나를 향해 무언가 해결되지 않은 또 다른 감정이 있을지도 모른다는 생각을 해보십시오. 마찬가지로 불현 듯 내 안에서 어떤 강한 감정이 일어난다면 그 감정을 통해 보상받고 싶어 하는 다른 감정이 있다는 걸 알아차려야 합니다.

우리의 감정 간에는 서로 채워주고 메꿔주고자 하는 동반자의식이 존재합니다.

가령, 남편이 밥 먹는 게 미워질 때가 있습니다. 어떤 때에는 남편의 뒤통수만 봐도 미움이 올라옵니다. 이 미운 감정은 왜 일어났을까 생각해보면 결국 남편으로부터 기대하던 사랑과 존중의 감정이 충족되지 않았기 때문임을 알게 됩니다. 그런데 이렇게 서운한 감정을 알아차리고 나면, 신기하게도 미움이 가라앉고 마음이 평안해집니다.

저는 운전을 할 때마다 곧잘 조급해하곤 합니다. 그

럴 때 저는 '이 조급함의 동반자는 어떤 감정일까?' 생
각해 봅니다. 그러면 곧 "아, 지금 내가 불안을 느끼고
있구나! 지금 이 현실에 만족하고 있지 못하는 어떤 불
안감이 자리 잡고 있구나!" 를 깨닫게 됩니다. 마찬가지
로, 제가 느낀 조급함의 동반자, '불안감'을 찾아낸 순간
희한하게도 감정이 평안해짐을 발견했습니다.

어떤 감정이 강하게 일어난다면, 그 감정의 동반자
를 의식하고 스스로 공감해 보십시오. 그러면 슬프고
화나고 짜증나던 감정들이 어느새 잠잠해집니다. 우리
가 느끼는 감정의 구조는 이렇게 놀랍게 창조되어 있
습니다.

저는 이제부터 하나님께서 우리 인간에게 선물하
신 갖가지 감정이 가진 의미가 무엇인지 여러분 앞에
말씀드리려 합니다. 열한 가지 감정의 각 장마다 1화에
서는 성경말씀에 등장하는 감정의 이야기를 소개하고,

창조주 하나님께서 이 감정들을 통해 피조물인 인간에게 전하는 '메시지'가 무엇인지 해석해볼 것입니다. 그리고 2화에서는 우리가 어떤 감정을 마음에 품었을 때 일어나는 신체의 변화, 즉 '감정이 우리 몸에 미치는 영향'을 의학적으로 풀어보려 합니다.

의도했든 의도치 않았든 간에, 어느 순간 우리의 마음속에 들어와 똬리를 틀고 있는 감정들. 여러분이 이 책을 만난 순간부터는 온갖 감정들이 우리 마음에 찾아온다고 한들, 그 목적을 알아채고 지혜롭게 조율해 더 이상 감정에 꺼둘리지 않기를 기대합니다. 지금 이 자리에서 이 글을 읽고 있는 당신의 몸과 마음이 더 건강해지고, 삶 또한 풍요로워지기를 간절히 기도합니다.

이제 하나님께서 우리에게 선물하신 감정종합 선물세트의 상자를 열어보겠습니다. 여러분, 함께 할 준비 되셨나요?

1장

짜증, 문제를 해결하라는 신호

짜증은 매우 일상적인 감정입니다. 분노나 슬픔, 비통함, 이런 감정은 어쩌다 한 번씩 오는 것이지만 짜증이나 신경질은 어떤가요? 저는 오늘하루 동안에도 벌써 여러 번 짜증을 느낀 것 같습니다.

'짜증'은 분노처럼 우리 마음을 격앙시키지는 않습니다. 그렇다고 슬픔을 느낄 때처럼 심하게 가라앉지도 않습니다. 그러나 이 애매하고 일상적인 짜증이라는 감정은 매우 불쾌합니다.

배고파도 짜증나고, 배가 불러도 짜증납니다. 운

전 중에 새치기를 당해도 짜증나고, 길이 막혀도 짜증납니다. 보기 싫은 사람을 봐도 짜증, 보고 싶은 사람을 못 봐도 짜증이 납니다. 어디 갖다 붙여도 어색함이 없는 감정이 바로 '짜증'입니다.

I.
다 그럴만한
이유가 있어요

"이스라엘 자손이 다 모세와 아론을 원망하며 온 회
중이 그들에게 이르되 우리가 애굽 땅에서 죽었거
나 이 광야에서 죽었으면 좋았을 것을"

민수기 14:2

우리는 왜 이렇게 짜증을 자주, 그리고 많이 낼까
요? 얼핏 보면 스트레스 때문인 것 같습니다. 그 말도
틀리진 않습니다. 스트레스는 분명히 짜증을 부르는
이유가 됩니다. 그러나 정말 우리를 짜증나게 하는 원
인은 따로 있습니다.

짜증이란 해결하지 않으면 안 되는 어떤 문제가 있

다는 신호입니다. 우리는 살면서 일상 속에서 해결하지 않으면 안 되는 문제를 그냥 놔두고 살아갈 때가 많습니다. 보통은 귀찮아서, 또는 당장에는 큰일이 나지 않는다는 이유로 해결해야 할 문제를 그냥 끌어안고 살아갑니다. 하지만 이렇게 되면 마음 한편에 늘 풀리지 않는 숙제를 지닌 듯 부담을 안고 살아가게 됩니다. 해결해야 하는데, 해결해야 하는데… 하면서도 해결하지 못하고 살아갑니다. 이렇게 크고 작은 문제에 대한 부담을 끌어안고 살면 작은 일에도 짜증이 일어나게 마련입니다.

문제를 방치하지 마세요

사랑하는 사람과 결혼을 하고 이제 막 부부가 되면 처음에는 온 집안에 깨소금 냄새가 진동합니다. 그러나 이래도 좋고 저래도 좋은 콩깍지의 시간이 지나면

으레 두 사람 사이에 변화가 생깁니다. 서로에게 점점 짜증을 내기 시작하는 것입니다. 짜증을 부리고 있다는 것은 두 사람 사이에 해결되어야 할 문제가 있다는 신호입니다. 함께라면 뭘 해도 좋았던 신혼 초 '파란불'의 시기가 지나고, 잠시 멈춰 서서 문제를 해결하고 넘어가야 할 시점이라는 뜻입니다. 즉, 짜증이라는 감정을 통해 '빨간불'이 켜진 것입니다.

그런데 문제는 대부분의 부부가 그 빨간불을 놔두고 방치한다는 사실입니다. 그러다 보면 점점 짜증은 심해지고 서로 "짜증 좀 부리지마! 난 짜증이 정말 싫어. 당신 때문에 나도 짜증나잖아!" 하며 날 선 말로 서로에게 상처를 주기에 이릅니다. 이런 악순환이 반복되면 결국 '성격 차이'라는 이유로 등을 돌리는 상황까지 내몰리기도 합니다.

제가 아는 어떤 부부 이야기를 해 보겠습니다. 두 사람은 오랜 연애 끝에 결혼에 성공하였습니다. 남편은 아내가 더없이 사랑스러웠습니다. 아내는 남편이 자상하지 못한 것 빼고는 흠잡을 데가 없었습니다. 그런데 막상 결혼생활을 시작해 보니, 아내는 남편의 자상하지 못함이 사실은 대단히 차갑고 자기 밖에 모르는 이기적인 성격에서 비롯된 것임을 파악하게 됩니다. 아내가 볼 때 남편은 다른 사람의 감정이나 상황을 전혀 공감하지 못하는 인간이었습니다.

물론 남편은 돈도 잘 벌어다 주었고, 남편으로서 사위로서 아버지로서의 역할은 누구보다 잘 감당해 주었습니다. 하지만 아내는 자신의 속을 자상하게 어루만지지 못하는 남편에게 조금씩 짜증이 나기 시작했습니다. 남편과는 마음을 교감하는 대화가 3분조차 불가능하다는 것이 아내는 견딜 수 없이 괴로웠습니다.

아내가 그렇게 짜증을 내고 괴로워 할 때마다 남편은 처음에는 자기의 역할을 더 충실히 하려고 노력하였습니다. 아내를 데리고 나가 외식도 하고, 함께 여행도 다녔습니다. 더 많은 돈을 벌어다 주고 선물 공세도

해보았습니다. 그러나 아내의 짜증은 멈추지 않았습니다. 점점 더 심해져 갔습니다.

결국 남편도 아내의 짜증을 받아주기 벅찼습니다. 둘은 결국 이렇게 싸우기만 하다가 이혼을 하게 됩니다. 서로의 입장은 이러했습니다. 남편이 "지속적인 아내의 짜증을 받아 주는 것이 힘겨웠다"고 하자 아내는 이렇게 말했습니다.

"내가 원했던 것은 단 하나, 하루에 단 3분이라도 눈을 마주치면서 대화하는 일이었다. 그게 그토록 힘든 일이었는지 모르겠다."

이 부부는 둘 사이에 진짜 해결되어야 할 문제를 외면하고 감정적으로 짜증만 냈기 때문에 비극적인 결말을 맞이했습니다. 문제가 있는데 그 문제를 내버려 두면, 결국 짜증이 노여움이 되고 분노가 되고 폭발을 해서 돌이킬 수 없는 지경까지 가게 되는 것입니다.

마인드 바이블

그랬으면 좋았을 것을

"이스라엘 자손이 다 모세와 아론을 원망하며 온 회
중이 그들에게 이르되 우리가 애굽 땅에서 죽었거
나 이 광야에서 죽었으면 좋았을 것을"

민수기 14:2

성경에도 짜증의 감정이 등장합니다. 이스라엘 백
성들도 짜증을 달고 살았습니다. 우여곡절 끝에 애굽
에서 나와 가나안으로 가야 하는데 자신들의 앞을 가
로막은 홍해 때문에 짜증을 내고, 길이 험해도 너무 험
하다고 짜증내고, 마실 물이 없다고 짜증, 마실 물이 있
으면 물맛이 쓰다고 짜증을 냅니다. 먹을 것이 없다고
짜증을 내는가 하면, 만나를 먹다가 맛이 없다고 짜증
을 내고, 심지어 광야에서 고기가 먹고 싶다고 짜증을
냅니다.

이스라엘 백성이 짜증이 많은 민족이기 때문에 짜

증을 내는 것이 아닙니다. 그들에게 해결해야 할 문제가 있는데, 그 문제를 해결하지 못하고 어영부영 살다보니 그 부담이 계속해서 짜증으로 나타난 것입니다. 마땅히 해결해야 할 문제를 방치하고, 또 방치하다보니 문제가 '나 좀 해결해 달라'고 쿡쿡 옆구리를 찌르는 것입니다.

이스라엘이 반드시 해결하고 가야 할 문제는 '하나님의 약속을 믿을 것인가, 안 믿을 것인가?'를 선택하는 것이었습니다. 하나님의 약속을 도저히 믿지 못하겠다면 차라리 종살이를 하던 애굽으로 돌아갔어야 했습니다. 출애굽이 하나님의 뜻이라는 사실을 믿기로 했다면 물이 있든 없든, 길이 있든 없든, 고기가 있든 없든 묵묵히 참고 갔어야 하는 것입니다.

그들은 하나님의 인도하심을 온전히 믿지도 못하고, 단호히 돌아가지도 못하고 어정쩡하게 문제를 방치하다가 결국 가데스 바네아에서 시험에 걸려 넘어졌

마인드 바이블

습니다. 광야에서 40년 동안 방황하며 비참한 최후를 맞이했습니다. 해결되지 않은 문제 속에서 문제와 함께 짜증만 내다가 결국 문제와 함께 죽어 갔던 것입니다.

수시로 짜증이 나나요? 점점 더 짜증이 심해지나요? 혼자 있을 때든 누군가와 함께 있을 때든 걷잡을 수 없이 짜증이 난다면 그것은 여러분 스스로가 간과하고 있는 문제가 있다는 신호입니다. 짜증을 내지 않으려고 노력하기보다 먼저 문제가 무엇인지를 알아차리는 것이 중요합니다. 문제를 찾고, 문제를 인정해야 합니다. 그 문제가 무엇인지는 본인이 가장 잘 알 것입니다. 사소한 결정이든, 잘못을 인정하는 일이든, 어렵지 않게 해결할 수 있는 일일 가능성이 큽니다.

일단 문제를 인지하기만 해도 짜증의 감정은 눈 녹듯 사라져버릴 것입니다. 무리에서 벗어나, 요란한 음악에서 벗어나, 고요한 시간을 가지며 삶을 돌아보는 건 어떨까요? 해결해야 하지만 외면해왔던 문제를 떠

올리고 인정하고 해결해보십시오. 마음이 훨씬 홀가분
해질 것입니다.

상황을 바꿔볼까, 태도를 바꿔볼까

짜증은 내 삶에 해결해야 할 문제가 있다는 신호입
니다. 나의 삶에 문제가 발생했다는 것은 내 마음이 원
하는 것과 내가 놓인 상황이 맞지 않다는 것을 의미합
니다. '소망과 현실의 불일치', 이것이 문제인 것입니다.

이스라엘 백성이 원한 것은 배부르게 고기 먹고, 편
히 자고, 걱정 없이 사는 것이었는데 그들이 놓인 곳은
척박한 광야였습니다. 원하는 것을 얻을 수 있는 상황
이 아니었습니다. 문제가 발생한 것입니다.

내가 원하고 있는 것은 고급 중형 세단인데, 돈이
넉넉하지 않습니다. 이래도 문제가 발생한 것입니다.
너무 단순한 이야기인 것 같지만, 사실은 이것이 대부

분의 사람들이 미처 의식하지 못하는 '문제의 실체'입니다. 그러나 내가 원하는 것이 상황과 맞지 않아 문제가 발생했다는 것을 인식하기는 쉽지 않습니다.

그래도 여기, 마음이 원하는 것과 상황의 불균형을 인식하는 데까지 가면 '진짜 문제'를 마주할 수 있는 자격을 갖춘 것입니다. 내가 원하는 것이 이것인데 그걸 이룰 수 있는 상황에 있지 않다는 것을 인식하면, 적어도 내가 왜 짜증이 나고 있는지를 알아차릴 수 있습니다. 짜증 역시 그 감정이 전하고자 하는 메시지를 인지할 때, 말끔히 사라집니다.

짜증이 어디서 비롯되었는지 알아차렸다면, 이제 그 문제를 외면하면 안 됩니다. 어떻게 해서든 해결하는 것이 좋습니다. 어떻게 해결할 수 있을까요? 방법은 두 가지 입니다. 상황을 바꾸든지, 아니면 내 마음을 상황에 맞추든지.

상황을 바꿀 수 없다면

마음과 상황의 불일치를 경험할 때 대부분의 사람들은 자신이 처한 상황을 탓하면서 짜증을 냅니다.

'하필 당신이랑 결혼해서 내 인생이 이렇게 꼬였어, 짜증나!' 하고 지난날을 후회하고 '당신이 우리를 광야로 몰고 와서 이렇게 힘들게 살게 됐어!' 하면서 상황을 탓합니다. 이러면 문제가 해결될 수가 없습니다. 짜증만 점점 더 깊어집니다.

그렇다면 어떻게 해야 할까요? 간단합니다. 이혼하든지, 다시 애굽으로 돌아가든지 해야 합니다. 마음에 안 드는 상황 때문에 문제가 생긴 거라면 상황을 바꾸어야 합니다. 그러나 상황을 바꿀 수 없다면, 결론은 뻔합니다. 그 상황을 받아들여야 합니다. 즉, 상황을 받아들이고 나의 태도를 바꾸어야 한다는 것입니다.

예를 들어, 여러분이 TV를 보다가 중국집에서 맛있게 짬뽕을 먹는 장면을 보았을 때 '이야! 짬뽕 맛있겠다. 내일은 반드시 짬뽕을 먹겠어.' 하고 결심을 했다고 칩시다. 그리고 다음날 짬뽕을 먹으러 중국집에 갔습니다. 많은 이들이 그렇듯 습관적으로 짜장면과 짬뽕 사이에서 갈등하며 잠시 망설였지만, 전날 TV에서 본 장면대로 짬뽕을 주문하고 드디어 한 젓가락 떴습니다. 그런데 아뿔싸! 주문한 짬뽕이 맛이 없는 겁니다. 여러분이 원했던 것과 현재의 상황이 불일치합니다. 그래서 짜증이 납니다.

그럼 이제 어떻게 해야 할까요? 방법은 간단합니다. 그냥 원하지 않는 상황을 받아들여서 짬뽕을 꾹 참고 먹든지, 아니면 짬뽕을 반납하고 다시 짜장면을 시켜서 먹든지 해야 하는 것입니다.

그러나 이런 식의 문제가 발생했을 때, 상황을 바꾸는 것은 말처럼 쉽지 않습니다. 맛없는 짬뽕을 뒤로하고 다시 짜장면을 추가로 주문하면 돈이 더 듭니다. 직장을 그만 둬버리면 다른 직장이 보장이 안 됩니다. 배우자가 마음에 안들어 이혼을 한다 해도 더 좋은 배우자를 만날 거라고 확신할 수 없습니다.

그렇습니다. 상황을 바꾸기 위해서는 비용을 지불해야 하고 위험을 감수해야 합니다. 그래서 사람들은 상황을 바꿀 엄두를 내지 못합니다. 맛없는 짬뽕을 참고 먹자니 신경질 나고, 새로 시키자니 돈이 아까워서 기분 나쁘게 맛없는 음식을 먹으며 귀한 점심시간을 흘려보내는 것입니다.

어떤 문제이든 정도의 차이는 있을 뿐, 예외는 없습니다. 가정, 직장, 종교 어떤 문제든 간에 상황을 뒤집어서라도 해결해버리든지, 내 태도를 바꿔 상황을 수용하든지 두 가지 밖에 없다는 것입니다.

마인드 바이블

바로 지금, 과감한 선택을 할 때입니다

하나님은 출애굽한 이스라엘 백성들이 처한 상황을 바꿔주지 않으셨습니다. 태도를 바꾸라고 말씀하셨습니다. 마실 물이 부족하고 길이 험한 광야의 상황을 받아들이라고 하셨습니다.

그 결과는 어찌 됐을까요? 상황을 바꾸지도 못하고 짜증만 내던 1세대 사람들은 광야에서 죽었습니다. 그러나 그 험난한 광야의 상황을 받아들이고 태도를 바꾸었던 2세대는 가나안 땅에 들어가서 언약의 성취를 맛보았습니다.

제 과거를 돌아보면 저의 인턴, 레지던트 시절은 제게 육체적으로나 정신적으로 가장 힘든 시기였습니다. 집에 들어가기는커녕 양말을 갈아 신을 짬도 없을 만큼 정신없는 때였습니다. 그런 생활을 얼마간 지속하다 보니 '정말 이러다 죽겠다' 싶은 생각이 들기도 했습니다. 더군다나 당시는 신혼이었기 때문에 아내를 보고 싶은 마음까지 더해져 '내가 왜 이러고 살아야 하나' 하는 생각을 하루에도 수십 번씩 한 것 같습니다. 집에 가고 싶고, 푹 자고 싶고, 늘어져 쉬고 싶었습니다. 단 하루라도 그럴 수 있다면 소원이 없을 것 같았습니다. 그러나 상황은 그렇지 못했습니다. 그 때 참 감정적으로 예민해지고 짜증이 났던 기억이 납니다.

인생에서 가장 광야 같았던 바로 그 때, 제가 배운 것은 다름 아닌 '구겨지는 것'이었습니다. 사람이 때로는 자기 마음을 구길 줄 알아야 한다는 걸 깨달았습니다. 내가 원하는 것을 한 번, 또 한 번 접어 넣어두고 주어진 상황에 맞출 줄 알아야 하겠다고 생각했습니다.

만약 그 때 제 상황이 힘들다고 보따리 싸서 병원을 뛰쳐나왔다면 흰 가운을 입은 오늘의 저는 없었을 것입니다. 육체의 어려움으로 신음하는 이들을 고쳐줄 수 없었을 겁니다. 당시 그 상황을 받아들이기로 작정

하고 내가 원하던 마음을 구겨 넣었더니 제 안에서 새
로운 힘이 강하게 일어나 그 시절을 견딜 수 있는 힘이
되어주었습니다.

여러분, 짜증은 상황을 바꿀 용기도 없고 태도를 바
꿀 용기도 없는 어리석은 사람이 분출하는 아주 미련
한 감정입니다. 상황을 바꾸든지, 태도를 바꾸든지. 지
혜로운 선택을 하시기 바랍니다.

2.
'뉴런'이 짜증을
버텨낼 수 있을까요?

"그러나 온유한 자들은 땅을 차지하여 풍성한 화평
으로 즐거워하리로다"

시편 37:11

살다보면 '별 일 아닌 데 짜증으로 반응하는 사람
들'을 어렵지 않게 마주치게 됩니다. 어쩌면 자기도 모
르게 여러분들도 누군가에게 습관처럼 짜증을 내고 있
을 수도 있겠습니다.

여러분이 짜증이 날 때, 또는 짜증을 받아줄 때 몸
이 어떻게 반응하는지 스스로 관찰해본 경험이 혹시
있으신가요? 없다면 내 몸이 나로부터 올라오는, 혹은

외부로부터 오는 '짜증'의 감정에 어떻게 반응하는지 의식적으로 한번 관찰해보십시오.

'내 마음과 몸이 온갖 감정들에 어떤 반응을 보이는지 스스로 관찰하는 것'이 습관이 되면 순간순간 감정에 휘둘리지 않고 나를 컨트롤하는 데 매우 도움이 됩니다.

짜증이 치매에 이르기까지

스트레스가 우리 몸의 문을 두드릴 때 습관적으로 짜증과 화로 맞이하지는 않았나요? 스트레스를 짜증과 화로 맞이할 때 뇌에서는 무슨 일이 일어날까요?

스트레스에 대해 짜증으로 반응하게 되면 스트레스가 풀리는 것이 아니라 오히려 뇌의 해마에 충격을 줍니다. 우리 뇌의 측두엽에는 약 5센티미터 크기의 해마가 있습니다. 이 해마는 우리 뇌에서 기억력과 학습

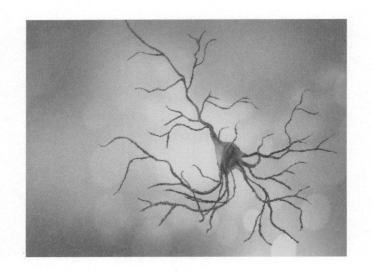

마인드 바이블

능력을 담당합니다. 그런데 우리가 무심코 짜증을 내면 이 해마가 자극을 받습니다.

해마에는 우리가 스트레스를 받았을 때 분비되는 호르몬인 '코티솔'을 받아들이는 수용체가 많이 분포해 있습니다. 따라서 지속적인 스트레스에 노출되었을 경우, 해마가 처리할 수 있는 스트레스 조절 능력을 넘어서게 되어 우리 뇌는 스트레스에 더욱 취약해집니다. 엎친 데 덮친 격으로 스트레스를 받을 때마다 짜증을 내게 되면 뇌에서 중요한 기능을 담당하는 해마가 쭈그러들게 되는데, 그 결과 기억력과 학습 능력이 떨어져 심할 경우 치매에 걸릴 가능성이 높아집니다.

뇌와 '짜증'이라는 감정의 관계에 대해 조금 더 설명을 하자면 이렇습니다. 뇌에는 체내 신경세포에 정보를 전달하는 다양한 신경전달물질이 있습니다. 이 중 아미노산으로 이루어진 '글루타메이트'라는 신경전달물질은 중추신경계에서 중요한 흥분성 신경전달물질입니다. 이 글루타메이트는 몸의 기본적인 기능에 시동을 거는 역할을 수행합니다.

그런데 우리가 짜증을 내면 이 글루타메이트가 과다하게 분비됩니다. 이 물질이 과다하게 분비되면 뇌에 독성 작용을 일으키게 됩니다. 글루타메이트의 양이 많아지면 뉴런이 과하게 흥분돼 죽게 되는 것입니다.

이 때 우리의 뇌는 과도하게 생성된 글루타메이트를 없애기 위해서 산소를 과도하게 사용하게 됩니다. 이 과정에서 우리 뇌가 정상적으로 작동하는 데 필요한 산소가 부족해질 수밖에 없습니다. '산소비상사태'가 벌어지는 것입니다.

우리의 뇌에는 산소를 먹고 사는 착한 뉴런들이 있습니다. 뉴런은 우리가 보고 듣고 판단하는 능력을 가능하게 해주는 신경세포입니다. 이 뉴런들은 산소만 잘 공급해주면 늙지도 않고, 죽지도 않으면서 제 역할을 잘 해냅니다. 그래서 뉴런이 잘 살아 활동하는 사람들은 늙어도 사리분별이 명확합니다. 그런데 이 뉴런이 한번 손상된 사람들은 뇌기능을 다시 회복하기 어렵습니다. 뉴런은 한 번 손상되면 회복이 불가능하기 때문입니다. 그러니 뉴런이 가장 건강한 지금, 짜증이라는 감정을 잘 다스려 뇌기능을 잘 유지해야합니다.

습관적으로 짜증을 내게 되면 글투타메이트 분비량이 많아지고, 우리 뇌는 이를 줄이기 위해 산소를 과도하게 사용하게 됩니다. 그 결과 뉴런이 정상적인 활동을 하는데 필요한 산소가 부족해져 뉴런은 회복 불가한 상태가 되어 서서히 괴사하는 겁니다.

이럴 때 나타나는 증상 중 대표적인 것이 빈혈과 어지럼증입니다. 나아가 상황이 더 악화되면 뉴런 손상으로 인해 간질과 같은 발작 증세가 나타나기도 합니다. 그리고 장기적으로 치매에 이를 위험이 높아집니다. 스트레스에 대해 짜증으로 반응하는 것은 우리 뇌 건강에 이렇게 무서운 타격을 가합니다.

짜증을 습관화하지 마세요

'짜증'이라는 감정은 우리 뇌에 엄청난 치명상을 입힙니다. 그렇기 때문에 우리 뇌 건강을 지키기 위해서는 짜증이라는 감정이 마음속에 습관적으로 나타나지 않도록 스스로 조절하는 것이 가장 중요합니다.

짜증이 습관이 되지 않으려면 어떻게 해야 할까요? 가장 먼저 짜증 자체를 바르게 이해하고, 감정의 요구에 충실히 응답해야 합니다. 짜증의 목소리에 귀를 기울여야 합니다.

"그러나 온유한 자들은 땅을 차지하여 풍성한 화평으로 즐거워하리로다"

시편 37:11

짜증은 내 안에 문제가 있다는 것을 가르쳐주는 신호입니다. 짜증이 일어난다는 것은 해결될 문제가 있

마인드 바이블

다는 뜻입니다. 그럴 때에는 문제가 되는 상황을 바꾸든지, 그 상황을 받아들이는 나의 태도를 바꾸든지 어떤 조치를 취해야 합니다.

이 둘 중에 하나를 선택하지 못한 채 짜증 부리며 살아가는 것이 어리석은 사람의 모습입니다. 짜증을 습관화한다는 것은 스스로를 바보로 만드는 것이고, 노년에 판단이 흐려져서 불행해지는 과정을 자초하는 미련한 짓입니다.

짜증이라는 감정을 습관화 하지 마세요. 짜증이 난다면 해결해야 할 문제가 있다는 신호로 받아들이고 상황을 바꿀 것인지, 태도를 바꿀 것인지 숨을 고르고 침착하게 판단한 후 선택하시기 바랍니다.

2장

미움, 인정받고 싶은 마음

살다 보면 누구나 미움의 감정을 느낍니다. 누군가에게 미움을 받을 수도 있고, 누군가를 미워할 수도 있습니다. 살면서 아무도 미워한 적이 없는 사람은 아마도 없을 것입니다. 만일 있다면 그는 거짓말을 하고 있는 사람일 테니 가급적 멀리하는 것이 좋겠습니다.

우리가 인지하는 감정들 중에서 '미움'은 부정적인 감정을 대표한다 해도 과언이 아닐 것입니다. 미움의 감정은 왜 일어나게 될까요? 우리 마음에 미움이 일어나는 것은 상대가 나의 존재를 인정해주지 않기 때문입니다. 상대방의 말이나 행동에서 '너는 틀렸다'는 뉘앙스가 느껴질 때 우리 자아는 그 불쾌한 느낌을 공격으로 받아들이게 됩니다.

모든 인간은 자신이 옳고 정의롭다는 '자기의', 즉 자신의 정의를 가지고 있기 때문에 제각기 '나는 옳다'고 생각합니다. 그런데 누군가 '그건 아니지', '네 생각은 옳지 않아', '네 판단은 잘못됐어' 라고 한다면 마치 상대방이 나를 공격한 것처럼 느낍니다.

한번 가만히 떠올려보십시오. 여러분이 미워하고 있는 그 사람, 그 사람으로부터 인정받지 못한 경험이 있지는 않은지 말입니다.

I.
상처받을까 두려워,
미워할 테야

"회당에 있는 자들이 이것을 듣고 다 크게 화가 나서 일어나 동네 밖으로 쫓아내어 그 동네가 건설된 산 낭떠러지까지 끌고 가서 밀쳐 떨어뜨리고자 하되 예수께서 그들 가운데로 지나서 가시니라"

누가복음 4:28-30

　　친구와 함께 길을 가고 있다고 상상해 볼까요? 나는 분명 직진하는 것이 맞는 것 같은데, 친구가 특별한 이유도 없이 아니라고 우긴다면 기분이 어떨까요?

　　한두 번이라면 모를까 이런 상황이 여러 번 반복되면 언쟁이 일어나게 되고, 조금씩 미운 감정이 생기기 시작합니다. 이렇게 단순하게 미움은 탄생합니다.

　내 생각이나 의견이 타인에 의해 틀렸다고 간주되는 순간, 우리의 자아는 그것을 공격받았다고 여기게 됩니다. 문제는 인간의 자아가 생각보다 단단하지 않다는 겁니다. 마음의 상처를 받는 것입니다. 하지만 매번 이렇게 상처 입은 채로 웅크리고 있을 수만은 없겠지요. 그래서 더 이상 타인에게 쉽게 상처받지 않기 위해 방어기제를 사용하게 됩니다. 이때 만들어지는 감정이 바로 '미움'입니다. 내가 상처받지 않으려고 상대방을 미워하는 겁니다. 이것이 우리들 마음속에 누군가를 미워하는 마음이 생기는 원인입니다.

완벽한 부메랑이 되어

　누가복음 4장을 보면 예수님께서 고향에 가서 설

교를 하시는 이야기가 나옵니다. 그 때 예수님은 "선지자들은 고향에서 환영을 받지 못한다"는 고백을 하십니다.

> "또 이르시되 내가 진실로 너희에게 이르노니 선지자가 고향에서는 환영을 받는 자가 없느니라. 내가 참으로 너희에게 이르노니 엘리야 시대에 하늘이 삼 년 육 개월간 닫히어 온 땅에 큰 흉년이 들었을 때에 이스라엘에 많은 과부가 있었으되 엘리야가 그 중 한 사람에게도 보내심을 받지 않고 오직 시돈 땅에 있는 사렙다의 한 과부에게 뿐이었으며 또 선지자 엘리사 때에 이스라엘에 많은 나병환자가 있었으되 그 중의 한 사람도 깨끗함을 얻지 못하고 오직 수리아 사람 나아만뿐이었느니라"
>
> 누가복음 4:24-27

말씀을 쉽게 풀어보면 이러합니다.

"선지자들은 고향에서 환영을 받지 못한다. 엘리야 시대에 심한 기근이 들었을 때 이스라엘에 많은 과부가 있었지만, 하나님은 이방인인 사렙다 과부에게 엘리야를 보내셨다. 또 엘리사 시대에 이스라엘에 많은 나병환자가 있었지만 그들 중 한 사람도 고쳐주지 않으시고 수리아 사람 나아만만 깨끗하게 고쳐주셨다"는 내용입니다. 이 말씀을 들은 이스라엘 사람들은 화가 나서 예수님을 죽이고 싶을 만큼 미워합니다. 왜일까요?

"회당에 있는 자들이 이것을 듣고 다 크게 화가 나서 일어나 동네 밖으로 쫓아내어 그 동네가 건설된 산 낭떠러지까지 끌고 가서 밀쳐 떨어뜨리고자 하되 예수께서 그들 가운데로 지나서 가시니라"

누가복음 4:28-30

바로 이스라엘의 선민의식 때문이었습니다. 그들

은 수많은 민족들 가운데 자신들만이 '선택받은 민족'이라는 자부심이 있었고 '우리만 구원받는다'는 특권의식으로 똘똘 뭉친 자들이었습니다. 그런 그들 앞에서 예수님은 "이스라엘은 구원받지 못하고 이방인들이 구원받았다. 너희들은 틀렸다"고 선포하신 것입니다.

이 말을 들은 이스라엘 사람들은 자신이 공격받았다는 생각에 사로잡혔고, 예수님을 낭떠러지에서 밀어 떨어뜨리려 할 만큼 강한 분노와 미움의 감정에 휩싸였습니다.

자신들의 생각, 오랜 전통, 자기의가 공격을 받는다고 생각하자 자신을 보호하기 위해 미움이라는 감정을 만들어낸 것입니다. 그리고 그 미움이라는 감정은 자신들의 눈을 가리고, 귀를 막아 구원에 이르지 못하게 만들었습니다. 눈앞에 구원자를 두고도 그들은 눈을 감고 귀를 막은 것이었습니다.

오늘날의 우리도 그들과 별반 다를 것이 없습니다.

나의 생각을 주장하고, 고집하다 그것이 거절당하거나 인정받지 못하면 상대를 미워합니다. 그것이 설령 잘못된 생각이라 할지라도 우리는 우리의 생각을 보호하려 합니다. 여전히 자기의가 우리 안에 살아있기 때문입니다.

미움의 화살은 나에게 돌아옵니다

그렇다면 우리 안에서 작동하는 방어기제인 미움의 귀착점은 어디일까요? 미워하는 대상일까요, 자신일까요? 안타깝게도 미움의 감정이 일으키는 영향은 자신에게 돌아옵니다.

한동안 상대를 미워함으로써 일종의 복수를 했다고 통쾌해 할 수도 있겠지만, 그것은 일시적이고 일방적인 생각일 뿐입니다. 누군가를 미워하게 되면 상대방은 아무렇지도 않은데 결국 내가 더 힘들어지게 됩니다.

이스라엘의 사울왕은 다윗을 미워하였습니다. 그가 자신의 존재를 위협한다고 생각했기 때문입니다. 사울왕은 다윗을 죽이려고 그를 향해 창을 집어 던지기도 했습니다. 그렇다면 다윗을 향한 미움을 늘 끌어안고 살았던 사울왕의 인생은 어떻게 되었을까요?

성경은 사울왕의 마음속에 악신이 들어왔다고 쓰고 있습니다. 미움을 움켜쥐고 도무지 놓으려 하지 않으니 정신이 오락가락하고 사리분별을 할 수 없는 지경에 이르고 만 것입니다. 한 나라의 왕이 사위인 다윗 한 명을 죽이기 위해 주어진 삶을 무의미하게 다 써버리고 결국 그 미움의 상처를 자신이 받으면서 비참한 말로를 맞이하기에 이릅니다.

그렇다면 무자비하고 무참한 미움을 받은 다윗은 어떠했을까요? 그는 멀쩡했습니다. 사울을 피해 유랑하며 크고 작은 감정의 동요를 겪었지만 그때마다 다윗은 하나님께 나아가 감정을 토로하고 고백하며 찬양했습니다. 자신이 받은 미움을 똑같이 미움으로 갚지

마인드 바이블

않았습니다.

사울은 자멸하였고, 다윗은 이스라엘의 왕이 되어 말 그대로 잘 먹고 잘 살았습니다. 미움은 미움을 끌어안고 사는 사람을 힘들게 합니다. 동서고금 막론하고 자명한 사실입니다.

어떤 여인이 시골에서 도시로 왔다가 한 남자를 만났습니다. 두 사람은 함께 살며 자녀까지 낳았는데 알고 보니 그 남자는 유부남이었습니다. 남자는 여자에게 일을 하게했고, 그렇게 번 돈을 본가로 가져갔습니다. 그뿐만 아니라 본가에서는 아무 말도 못하는 남자가 이 여인과 자녀들에게는 술주정을 부리고 괴롭게 하였습니다. 이렇게 한평생 못할 짓을 하더니 어느 날 그 남자는 죽음을 맞이합니다.

순진한 시골 처녀였던 여자는 상처를 받았습니다. 그래서 그 상처를 극복하기 위해 미움의 감정을 선택했습니다. '내 인생과 내 자식들의 인생을 망쳐놓은 그 인간, 그리고 본가의 아내와 자식들 때문에 우리 인생이 망가졌다'고 생각하며 자식들에게도 '너희가 이렇게 된 건 다 너희 아버지 때문'이라고 교육시켰습니다.

그 여인과 미움을 품고 자란 자식들은 어떻게 되었을까요? 미움을 품었던 여인은 암에 걸려서 죽게 되었고, 그 자녀들도 세상을 비관하며 불행하게 사는 인간이 되었습니다. 그렇다면 잘못을 했던 남자의 본래 자식들은 어떻게 되었을까요? 아무 일 없이 잘 살고 있었습니다.

미움이라고 하는 감정이 결국 누구를 죽일까요? 우리는 누군가를 정신없이 미워하다가 스스로 망가져간다는 것을 눈치 채지 못합니다. 내가 미워하는 상대방은 잘 살고 있는데 그 사람을 미워하고 있는 나는 자기도 모르게 인격이 파괴되고 망가지게 됩니다. 그렇게 시간이 지나면서 자기 자신이 죽어가고 있는데도 그 사실을 알지 못합니다.

누구나 자기의가 있고, 에고를 가지고 있기에 미움이라는 감정을 가질 수는 있습니다. 그러나 그 미움에 끌려 다녀서는 안 되며, 미움이라는 감정을 과용하지도 말아야 합니다.

미움은 결국 누구를 죽일까요? 미움을 품은 자신을 죽입니다. 하지만 미움이라는 감정은 아주 교묘해서 누군가를 정신없이 미워하다보면 어느새 스스로 망가져간다는 것을 쉽게 눈치 채지 못하게 합니다. 내가 미워하는 상대방은 아무렇지 않게 살아가고 있는데 그 사람을 미워하고 있는 나의 삶은 시간이 지나면서 점차 시름시름 앓고, 병들어가는 것입니다. 그렇게 미움을 품은 채 시간이 지나버리면 돌이킬 수 없는 지경에 이르게 됩니다.

원수를 사랑하라는 가르침

우리는 인간이기에 누구나 자기의가 있고, 자아를 가지고 있기에 미움이라는 감정을 품을 수 있습니다. 그것은 당연한 일입니다. 그러나 중요한 것은 그 미움이라는 감정에 이리저리 끌려 다니느냐, 미움의 메시지를 정확히 인식하고 응답하느냐 하는 것입니다. 우리는 미움이라는 감정을 통해 하나님께서 전달하시는 메시지를 알아차리고 감정을 다스릴 줄 알아야 합니다.

미움의 감정을 통해 하나님은 우리에게 어떤 메시지를 전하고자 하시는 걸까요?

첫 번째 메시지는 '자기의'를 깨달으라는 것입니다. 타인에 의해 쉽게 흔들리는 인간의 연약함과 자신이 옳다고 여기는 교만함을 깨닫고 하나님께 나아오라는 것입니다.

두 번째 메시지는 '원수를 사랑하라'는 가르침입니

마인드 바이블

다. 어쩌면 이것이 모순처럼 들릴 수도 있습니다. 혹은 너무 이상적이어서 적용 불가능하다고 고개를 저을 수도 있습니다. 우리는 원수를 스스로 사랑할 수 있는 존재가 못되기 때문입니다. 그런데 예수님께서는 우리에게 이토록 무리한 요구를 하셨습니다. 도대체 우리는 왜 원수를 사랑해야 할까요?

누군가는 사랑의 반대말이 무관심이라고 합니다. 또 혹자는 사랑의 반대말이 미움이라고도 합니다. 그런데 미움은 사실상 사랑의 감정에서 파생된 것입니다. 인정받고, 사랑받고 싶은 마음이 있는가 하면 더 이상 상처받기 싫어서 미워하기도 하는 것입니다. 사랑과 미움이라는 단어는 양극단에 위태롭게 서 있는 상반된 감정처럼 보이지만 사실은 동전의 양면처럼 늘 붙어 있는, 가깝고도 가까운 감정인 것입니다. 애증이라는 단어처럼 말입니다.

사랑하기 때문에 미운 감정도 든다는 말은 근거 없

는 농담이 아니라 사실입니다. 무관심하면 아무 감정도 들지 않습니다. 미워하는 데도 에너지가 필요한데 아무에게나 에너지를 쓰게 되지는 않습니다.

미움의 감정 때문에 자기 파멸의 길로 접어드는 것을 멈출 수 있는 유일한 감정은 사랑밖에 없습니다. 그러니까 '원수를 사랑하라'는 말씀은 원수를 용서하고 잘 대해주라는 말이 아니라, '나를 지키고 보호하라'는 뜻이기도 합니다. 그렇게 할 수 있는 힘은 오직 사랑입니다. 원수를 미워할 때 원수의 삶은 아무렇지 않지만 나의 삶은 엉망이 되기 때문입니다. 내가 죽지 않기 위해, 미움을 종식시키는 유일한 길은 사랑입니다.

누군가에게 미운 감정이 드나요? 그렇다면 미움의 감정이 일어난 목적과 의도를 알아야 합니다.

'지금 내 자아가 무언가를 잘못 선택했구나', '내 자아가 병 들었구나', '나의 의가 지나치게 높아져 있구나'

마인드 바이블

라는 신호를 읽어야 합니다. 미움의 감정을 통해 병든 내 에고를 치유하라고 하나님께서 메시지를 주고 계신 것입니다.

그러나 원수를 긍휼히 여기는 마음은 우리 안에서 스스로 샘솟지 않습니다. 결코 그럴 수가 없습니다. 우리는 죄인이기 때문입니다. 그것은 오직 하나님만이 주실 수 있습니다.

결국 우리가 할 수 있는 것은 한 가지 뿐입니다. 미움의 감정을 자각하고, 스스로를 높이려 했던 자기의의 모순을 깨닫고, 그 낮아진 마음에 하나님의 사랑을 담아 타인과 세상을 향해 나아가는 것입니다. 하나님께 받은 사랑을 타인과 세상에 다시 공급하는 것입니다. 이것이 곧 예수님의 삶의 방식인 것입니다.

2.
'자가면역질환'을 부르는
미움의 침샘

"나는 너희에게 이르노니 너의 원수를 사랑하며 너
희를 박해하는 자를 위하여 기도하라"

마태복음 5:44

여러분이 길을 걸어가다가 죽도록 싫어하는 사람
을 만난 상황이라면 침을 꿀꺽 삼키게 될까요, 뱉게 될
까요? 아마도 침을 뱉고 싶은 욕구가 솟구쳐 오를 것입
니다. 반대로 꿈에 그리던 이상형이 여러분 옆을 스쳐
지나가는 상황이라면 어떨까요? 일반적으로 이런 경우
라면 대게 자기도 모르게 침을 꿀꺽 삼키게 됩니다. 누
가 가르쳐주지도, 시키지도 않았는데 우리는 본능적으

마인드 바이블

로 그렇게 행동하는 것입니다.

싫어하는 사람이 앞에 있으면 침을 얼굴에 퉤 뱉어버리고 싶은 충동이 일어나고 사랑하는 사람을 바라보고 있으면 입 안에 달달한 군침이 도는 것, 감정에 따라 입맛이 달라지는 것은 그냥 우연히 일어나는 현상이 아닙니다. 기분이 신체의 작용에 어떻게든 영향을 주고 있다는 표시입니다.

그런데 감정에 따른 이런 신체반응이 단순한 기분 탓만은 아니라는 사실에 주목할 필요가 있습니다. 우리 몸이 본능적으로 '지금 분비되는 침이 약이 되는 침인지, 독이 되는 침인지'를 알고 있기 때문입니다. 군침이 돈다는 것은 삼킬만한 좋은 약이라는 것이고, 뱉는다는 것은 삼키지 못할 독이라는 이야기입니다.

미움이 불러오는 '장누수증후군'

아무리 산해진미를 한 상 가득 차려놔도 미운 사람과 밥을 먹으면 소화가 잘 되지 않습니다. 입에서 좋은 침이 나오지 않기 때문입니다. 그런데 사랑하는 사람과 밥을 먹으면 쌀밥에 달랑 김치 하나만 차려 먹어도 그렇게 밥맛이 좋고 소화도 잘 됩니다. 입에서 군침이 돌기 때문입니다. 이렇듯 상식적으로만 봐도, 미움이라는 감정이 내 몸에 영향을 미친다고 우리는 어렵지 않게 유추해 볼 수 있습니다

미국 오하이오 주립대학의 한 연구팀이 2018년 국제학술지 「정신신경내분비학」에 흥미로운 연구결과를 발표했습니다. 그 연구는 사이가 좋지 않은 43쌍의 부부를 대상으로 부부사이와 체내 염증의 관계를 실험해 보는 것이었습니다. 서로 미워하는 부부들의 소장에서 일어나는 염증 반응을 검사해보니 결과적으로 보통 수

준보다 염증 수치가 높게 나타나는 것이 관찰되었습니다. 미움이라는 감정이 몸에 영향을 주고 있다는 결과를 끌어낸 것입니다.

　서로 미워하는 부부에게는 사실상 잠시 얼굴을 맞대는 것조차도 괴로운 일일 것입니다. 그런데 마주보고 앉아 밥을 먹는다고 한다면, 그 음식들이 제대로 소화가 될 리 없을 것입니다. 입에서 군침도 안 나왔을 뿐더러 제대로 씹어 삼키지도 않았을 겁니다. 그저 빨리 자리를 뜨고 싶어 막무가내로 삼킨 음식들은 위에서 제대로 소화되지 못한 채 십이지장과 소장으로 내려가게 됩니다.

　음식에 들어있는 영양소를 제대로 흡수하기 위해서는 음식물이 잘게 분해된 상태로 소장에 도달해야 합니다. 그래야 소장의 소화 운동을 거치는 동안 영양분이 제대로 흡수되고 혈액을 통해 우리 몸 곳곳에 전달될 수 있기 때문입니다. 그런데 제대로 씹지 않아 입

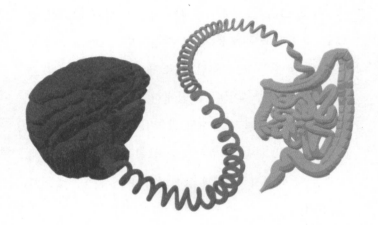

마인드 바이블

에서도 제대로 소화가 안 되고, 위에서도 소화가 안 된 채로 소장으로 넘어가게 되면, 음식물 안에 들어있던 독소와 찌꺼기들이 그대로 남아 있게 됩니다. 이러한 악순환이 반복되다 보면 간이나 담 등 다른 장기에도 무리가 생길 수 있습니다. 장에서 제대로 처리하지 못한 일을 간이 떠안아야 하기 때문입니다.

이렇게 음식물이 소화 및 해독되지 않은 상태로 소장에 도달할 때 발생할 수 있는 질환이 바로 '장누수증후군'입니다. 이 질환은 쉽게 말하면, 각종 음식물의 독소와 유해 세균이 손상된 장벽으로 새어나가 혈액을 타고 온 몸을 돌아다니며 염증을 유발하는 것입니다.

이렇게, 악순환 또 악순환합니다

소장은 음식물들을 선별하고 영양분을 소화 및 흡수하는 장기입니다. 그런데 이 장벽이 느슨해지면 소화가 덜 된 음식이나 세균 같은 독소 물질을 비롯해 때로는 안 좋은 미생물까지 혈관으로 흐르게 됩니다. 결국 해독이 안 된 독소 물질을 포함한 음식물 찌꺼기가 혈관을 타고 온 몸에 구석구석 퍼지게 되는 겁니다. 이 혈액이 피부로 가면 온갖 피부 질환 및 알러지를 유발하는 요인이 됩니다. 나쁜 물질을 담은 이 혈액이 뇌 쪽으로 가게 되면 일차적으로 이유 없이 기분이 나빠질 뿐더러, 때로는 통증과 어지러움을 동반하며 기억력이 떨어지는 증상이 나타나기도 합니다.

문제는 여기서 끝나지 않습니다. 이와 같은 소화 장애가 지속되면 우리 몸 안에서 면역 활동이 활발해지는데, 이 때 비염이나 아토피, 더 나아가 자가면역질환 등 다양한 부작용이 나타날 수 있습니다.

장누수증후군은 결코 가볍게 넘길 병이 아닙니다. 증상이 심해지면 입에서 항문까지 원인 불명의 염증이

퍼지는 크론병으로도 진전될 수 있기 때문입니다. 크
론병은 항문 주변에 고름이 생긴다거나 치루를 동반하
기도 하며, 항문이 찢어지는 치열이 생기는 등 심각한
증상을 일으키는 만성염증질환입니다.

'미움'이라는 감정을 품고 있으면 우리도 모르는 사
이 행동에 변화를 일으켜 그 행동 때문에 장을 망가뜨
리고, 결국에는 심각한 염증성 질환에 노출될 가능성
이 높아집니다. 한마디로 미움이라는 감정은 자기를
파괴합니다. 소장을 파괴하고, 간을 파괴하고, 피부와
뇌, 대장과 항문까지 파괴시킬 수 있는 무서운 감정입
니다. 이렇듯 무시무시한 감정을 품고 살아간다면 심
신에 해가되는 것은 두말하면 잔소리입니다.

다시 한 번, 원수를 사랑하라

우리가 미움이라는 감정에 침식당하지 않으려면 어떻게 해야 할까요? 네, 맞습니다. 다시 한 번, 하나님께서 말씀하신 그 가르침 "원수를 사랑하라"를 실천하는 것입니다.

> "나는 너희에게 이르노니 너의 원수를 사랑하며 너희를 박해하는 자를 위하여 기도하라"
>
> 마태복음 5:44

미움은 사랑의 한 단면입니다. 사랑이 잠시 찌그러지거나 망가져서 생긴 감정이 미움입니다. 미움의 목적은 사랑입니다. 찌그러진 미움의 감정을 다시 잘 펴라는 메시지입니다. 미움을 펴면 미움의 본래 모습인 사랑이 됩니다.

우리는 미움이 일어날 때 '사랑을 회복하라, 원수를

사랑하라'는 하나님의 메시지를 떠올려야 합니다. 그것
이 곧 자기 사랑이고, 이웃 사랑입니다.

　　미움의 감정은 자기를 파괴합니다. 소장을 파괴하
고, 간을 파괴하고, 피부와 뇌, 대장과 항문까지 파괴시
키는 무서운 감정입니다. 미워하지 않는 것이 자기 사
랑이요. 이웃 사랑, 원수 사랑인 것입니다.

3장

불안, 나를 살리는 잔소리꾼

누군가 여러분에게 "평안하세요?" 라는 질문을 한다면 "예, 당연하죠." 라고 태연하게 답할 수 있나요? 아마도 그런 이는 많지 않을 겁니다.

필연적인 죽음에 대한 불안, 막연한 미래에 대한 불안, 언제 닥칠지 모르는 질병에 대한 불안, 불안, 불안… 인간은 끊임없이 불안해하고 조바심 내며 하루하루를 살아가고 있습니다.

그렇지만 이 '불안'은 인간이라면 누구나 안고 살아

야 할 동반자 같은 것이 아닙니다. 만성적인 불안을 부둥켜안고 사는 당신에게 당신의 몸은 지금도 열심히 '신호'를 보내고 있습니다.

I.
모든 존재는
불안합니다

"나를 주 앞에서 쫓아내지 마시며 주의 성령을 내게
서 거두지 마소서"

시편 51:11

인도 설화에 이런 이야기가 있습니다.

고대 인도의 한 마을에 마술사가 살고 있었습니다.
그에게는 사랑하는 쥐 한 마리가 있었는데 주인이 옆
에 있어도 그 쥐는 늘 불안에 떨었습니다. 하루는 안타
까운 마음에 마술사가 물었습니다.

"오, 내 사랑스러운 쥐야, 왜 불안해하니?"

쥐가 대답했습니다. "바로 고양이 때문이에요."

마술사는 쥐의 불안을 없애주고 싶었습니다. 그래서 고민 끝에 쥐를 고양이로 만들어 주었습니다. 그런데 고양이가 된 쥐는 여전히 불안했습니다.

"이번에는 왜 또 불안한 거니?"

"그건 바로 개 때문이에요. 싸움을 걸어오면 이길 재간이 없어요."

마술사는 이번에도 기꺼이 쥐를 개로 만들어주었습니다. 개의 모습으로 변한 쥐는 잠시 안정적으로 느끼는 것 같았지만, 금세 다시 불안해졌습니다.

"주인님 호랑이가 저를 잡아먹으면 어떡하죠?"

마술사는 이번에도 쥐를 호랑이로 만들어 주었습니다. 그러나 쥐의 불안은 계속되었습니다.

"호랑이는 동물의 왕인데, 도대체 왜 불안해 하니?"

"사냥꾼의 총이 저를 노리고 있어요."

하는 수 없이 마술사는 호랑이를 다시 쥐로 만들어 주었습니다.

이 설화가 이야기하는 바는 명료합니다. '모든 존재

는 불안하다'는 것입니다.

20세기의 실존주의 철학자 사르트르Sartre, Jean Paul (1905-80)는 일찍이 '불안이란 인간이 불완전하다는 계시'라고 말했습니다. 모든 존재는 불완전하기 때문에 불안합니다. 한 사람의 개인부터 가정, 조직, 국가에 이르기까지 불안은 항상 도처에서 도사리고 있습니다.

살아남으라고 알려주는 '생존 센서'

얼마 전, 우리는 충격적인 뉴스를 접했습니다. 경남 진주의 한 아파트에서 조현병 환자가 자신이 사는 아파트에 불을 지른 후 엘리베이터 앞에 서 있다가, 사전에 준비한 흉기로 노인, 여자, 아이들에게 끔찍한 상해를 입힌 사건입니다. 이로 인해 무려 20여 명의 사상자가 발생했습니다.

조현병은 일명 '정신분열증'으로 사고, 감정, 지각

등 인격의 여러 측면에 걸쳐 이상 증상을 일으키는 정신질환입니다. 사건 발생 후 해당 아파트 주민들을 찾아간 기자에 따르면, 평소에도 주민들은 그 조현병 환자로 인해 늘 불안에 떨었다고 합니다.

그런데 정말 황당한 것은 그 끔찍한 사건을 일으킨 장본인 역시 늘 '불안해 했다'는 것입니다. 특히 이 사건의 피의자는 국가와 공권력에 대한 분노와 이웃 주민에 대한 피해망상으로 평소 누군가 자기를 해칠 것이라는 생각에 사로잡혀 살았다고 합니다.

불안에 떨다가, 불신을 키우고, 불만을 폭발시킨 한 사람. 그는 불완전한 인간이었습니다. 이렇게 불완전한 인간이 불안을 키우고 불안 속에 잠식되어 저지른 참사는 우리로 하여금 불안감의 위험을 각성하게 합니다.

그렇지만 불안은 생존과 직결된 감정입니다. 다시 말해, 생존의 위협을 감지하는 센서와 같은 존재입니다.

생존을 위협하는 존재, 나보다 힘이 세거나 몸집이

마인드 바이블

큰 사람, 혹은 막대한 권력을 가졌거나 나보다 우월한 타인을 만났을 때, 즉 나의 생존을 좌지우지할 만한 상대가 나타났을 때 아무런 동요 없이 평안하기만 하다면, 아마 그 사람은 생존 센서가 고장난 사람일 것입니다.

어린 시절 집 근처 강가에 나가 수영을 하던 때가 있었습니다. 가끔 객기를 부린답시고 친구들과 '누가 더 멀리 헤엄쳐 가나' 내기를 하기도 했습니다. 한 번은 내기에 지고 싶지 않아서 제 수영실력을 망각한 채, 욕심을 내어 평소보다 조금 더 멀리까지 헤엄쳐 나간 적이 있었습니다. 그런데 얼마 가지 않아 갑자기 물살이 거세지면서 물의 온도가 차가워지는 것이 느껴졌습니다. 어린 마음에도 번뜩 불안감이 엄습해 왔습니다. 그 순간 훅하고 밀려온 강한 불안감이 저의 무모한 승부욕을 잠재운 덕분에 무사히 얕은 강가로 돌아올 수 있었습니다. 그때의 경험은 지금 생각해도 아찔합니다. 친구와의 내기에서 무조건 이기고 싶다는 헛된 자존심 때문에 불안의 신호를 무시하고 더 나아갔더라면 무슨 일을 당했을지 상상하기도 싫습니다. 다행히도 때마침 불안이라는 생존 센서가 작동해준 덕분에 오늘까지 무탈하게 지내올 수 있었던 것이 아닌가 생각하게 됩니다.

그런데 조금 더 생각해 보면, 불안은 단지 생존을 위해서만 일어나는 감정이 아니라는 것을 알 수 있습니다. 생존의 위협을 받지 않는 상황에서도 우리는 불안하기 때문입니다. 특히 현대 사회에서는 불안의 범위가 훨씬 넓어졌습니다. 생존을 넘어 더 질 좋은 삶, 더 수준 높은 삶을 살고 싶은 욕구, 즉 '자아를 확장하고 싶은 욕구'가 늘 삶과 공존하기 때문입니다.

'명예가 실추될까봐, 가진 것을 잃게 될까봐, 나의 이미지가 안 좋아질까봐, 인간관계에서 실패할까봐, 직장에서 뒤쳐질까봐' 우리는 생존 이상의 것을 꿈꾸면서 아직 다가오지 않은 미래 때문에 불안해합니다.

품격에 따라 나눈 불안의 다섯 단계

대한불안의학회의 2018년 발표에 따르면 통계적으로 우리나라 국민 4명 중 1명 정도가 '불안'을 호소한다고 합니다. 또 다른 학자는 한국인 10명 중 7명이 평소에 불안함을 느낀다고 말합니다. 이처럼 불안은 현대인들에게 피해갈 수 없는 감정이라 할 수 있습니다.

그렇다면 우리는 불안에 대해 잘 알아야 합니다. 내가 느끼는 불안이 어떤 불안인지, 긍정적인 불안인지 부정적인 불안인지 스스로 구별할 수 있어야 합니다.

한동안 '불안'에 대해 공부하다보니 불안에도 단계가 있다는 생각이 들었습니다. 가장 낮은 차원의 1단계부터 높은 차원의 5단계까지, 저마다의 차이가 있다고 생각했습니다.

이는 인간은 누구나 불안을 느끼지만, 그 숱한 불안들도 제각각 품격이 존재하므로 불안이라는 감정이 가

진 품격의 수준에 따라 단계를 매겨볼 수 있겠다는 판
단에서 비롯된 것이었습니다.

① 1단계 ― 체면치레의 불안

성경에 등장하는 사울왕 이야기를 해보겠습니다.
블레셋과의 전쟁을 준비하던 이스라엘 군사들은 하나
님께 드릴 제사를 앞두고 있었습니다. 사무엘은 자신
이 정한 시간에 맞춰 전쟁터에 도착할 것이라고 말했
지만, 사울은 사무엘을 끝까지 기다리지 못하고 자신
이 직접 제사를 드리고 맙니다. 군사들의 눈치를 본 것
입니다. 그들이 뿔뿔이 흩어질까봐 불안했던 것입니
다. 그 후에 사울은 이에 대해 '군사들의 사기가 떨어질
까봐' 한 일이라고 변명합니다. 그뿐만이 아닙니다. 블
레셋 군대를 진멸해야 했음에도 사울은 전리품을 남겨
둡니다. 그리고 또 한 번 하나님께 드리려고 한 것이라
며 변명합니다. 역시 군사들의 눈치를 본 것입니다. 그
리고는 급기야 자신의 공로를 치켜세우며 스스로 기념

탑을 세우기까지 합니다. 자신의 이미지를 살리기 위한 수단만을 강구하였던 것입니다.

이미지에 살고 이미지에 죽는 사울! 이미지에 울고 이미지에 웃는 현대인들과 많이 닮아있습니다.

가장 낮은 수준의 불안은 '자신의 이미지가 깎일 것에 대한 불안'이라고 정의할 수 있습니다. '내가 이런 행동을 하면 다른 사람이 뭐라고 할까? 직장에서 나를 어떻게 생각할까? 내가 이 옷을 입고 다니면 사람들이 뭐라고 생각할까?' 우리는 쉴 새 없이 불안합니다. 말할 때에도, 외모를 가꿀 때도, 대인관계를 맺을 때도, 심지어 식사 메뉴를 고를 때에도 자기 이미지를 생각합니다.

타인의 시선에 의해 결정되는 이미지 때문에 벌벌 떠는 것, 이것이 1단계, 체면치레의 불안입니다. 이런 불안은 빨리 버리지 않는 한 결코 행복할 수 없습니다.

② 2단계 ─ 죄의식의 불안

2018년 미투 운동으로 온 나라, 전 세계가 떠들썩
했던 당시 많은 남성들이 누구에게 말도 못하고 남몰
래 떨었다는 것은 웃프게도 자명한 사실입니다. 연예
계, 체육계, 예술계는 물론이고 정치권, 재계, 법조계 할
것 없이 고백과 변명, 모함과 진실 사이에서 많은 이들
이 불안에 떨었습니다. 이렇게 자신의 죄나 잘못이 발
각될까봐, 혹은 죄의식 때문에 가지게 되는 불안이 2단
계의 불안입니다.

이런 불안은 반드시 해결해야하는 명백한 문제입
니다. 어떻게 이 불안을 해결할 수 있을까요? 정답은
하나입니다. 반성하고 책임을 지는 것입니다. 자신의
잘못 때문에 피해를 당한 사람에게 사과하고 그에 대
한 정당한 책임을 지면 이 2단계의 불안은 말끔히 해소
될 수 있습니다. 이 불안을 매듭 짓지 못하면 결코 자유
로울 수 없습니다. 불행이 따라오는 것은 필연입니다.

마인드 바이블

③ 3단계 — 생존의 불안

감정에 단계를 매긴다는 것이 조금은 의아할 수 있
겠습니다. 하지만 분명한 것은 이 '불안'이라는 감정은
너무나 폭넓을 뿐만 아니라 원인도 천차만별이라는 것
입니다.

3단계는 생존에 대한 불안입니다. 바꿔 말하면 내
일에 대한 불안이라고도 할 수 있습니다. '내 미래는 어
떨까?, 지금보다 나은 삶을 살 수 있을까?, 시간이 지나
면 좀 더 행복한 삶을 살 수 있을까?, 건강을 잃지 않고
살 수 있을까?'

이 불안감은 생존을 위해 없어서는 안 되는 감정입
니다. 행복을 바라는 만큼, 또는 좀 더 나은 사람이 되
기 위해, 자신의 미래를 위해, 열심히 일하고 노력하며
살게 되기 때문입니다. 생존의 불안은 너무 없어도 문
제, 너무 많아도 문제입니다. 생존과 더 나은 삶을 위해
스스로 조절해야 하는 불안입니다.

극도의 불안감을 안고 살아가는 사람은 늘 초조하고 조바심을 내며 스트레스를 넘어 고통을 안고 살아갑니다. 그러나 이 불안함을 무작정 덮어놓고 살다보면 '내일의 일은 나도 모르겠어요' 하고 하루살이처럼 살게 됩니다.

요즈음 젊은 세대 사이에서 욜로YOLO(You Only Live Once)가 유행이라고 합니다. 아마도 오늘날 청년들이 취업난과 주거난 같은 넘기 힘든 거대한 벽에 좌절하다보니 안정적인 삶을 꿈꾸며 꾸준히 노력하려는 의지가 꺾여버린 데서 비롯된 현상이 아닐까 추측해봅니다. 그러나 이는 3단계의 불안을 외면하고 하루살이 같은 삶을 선택하는 것이지요. 한편으로 공감되면서도 안타까운 현상입니다.

하루살이 인생은 '지금, 여기에 최선을 다하는 삶'과는 다릅니다. 우리에게는 일시적인 만족에 집중하는 욜로보다는 일과 여유, 현재와 미래가 공존하는 '균형 있는 삶'을 지향하는 태도가 필요합니다. 불안감을 적

마인드 바이블

절히 조절할 수 있을 때 우리는 하루하루의 삶에서 기쁨을 느낄 수 있으며, 그렇게 해야 우리가 매 순간 현실의 문제를 선택할 때 조금 더 신중해질 수 있습니다. 이럴 때 비로소 우리는 어영부영 사는 삶이 아니라 '준비된 삶'을 살아갈 수 있습니다.

④ 4단계 — 존재의 불안

죽는 날까지 하늘을 우러러
한 점 부끄럼이 없기를,
잎새에 이는 바람에도
나는 괴로워했다

한국인이 가장 사랑하는 시인 윤동주(1917-1945)의 〈서시〉, 첫 구절입니다.

시인은 하늘을 보면서 자기 존재를 불안해합니다.

'내 존재는 바로 서 있는가? 내 삶은 옳은 방향으로 가고 있는가?' 자신의 양심 앞에 서서 스스로의 삶을 냉정하게 바라봅니다. '민족이 처한 현실과 역사 앞에 내가 선택한 이 길이 바른 길인가?' 자신에게 스스로 묻고 또 물으며 불안해합니다. 불안한 마음을 그대로 품은 채 시인은 뒤이어 이렇게 고백합니다.

별을 노래하는 마음으로
모든 죽어가는 것을 사랑해야지.
그리고 나한테 주어진 길을
걸어가야겠다.

4단계의 불안은 '자기 존재에 대한 불안'이라 할 수 있습니다. 윤동주의 시를 가만히 보고 있으면, 자기 존재에 대한 불안감이 새로운 사명과 비전에 대한 결단으로 이어지는 것을 볼 수 있습니다. 자기 불안을 모티브로 삼아 더 나은 인간상을 지향하며 한 발자국 나아가고 있는 것입니다.

　직장인으로서, 사명자로서, 자녀로서, 부모로서, 크리스천으로서 나는 떳떳하게 살아가고 있는가? 떨리는 마음으로 돌아볼 수 있는 사람, 이런 불안감을 느낄 수 있는 사람은 점점 더 아름다워집니다. 그 삶은 나날이 성숙해질 수밖에 없습니다.

⑤ 5단계 ― 영적인 불안

　다윗이 충직한 부하인 우리야의 아내 밧세바와 간음을 하고 그 죄가 드러나게 되었을 때, 그는 자신의 죄를 낱낱이 실토하며 즉각 회개하는 모습을 보입니다.

　다윗은 자기 이미지가 백성들 앞에서 실추되지 않을까 하는 불안을 고백하지 않았습니다. 또한 자신의 죄 때문에 치러야 할 대가 때문에 불안해하지도 않았습니다. 다윗이 느꼈던 불안은 오직 하나, '창조주 앞에

서 느끼는 불안'이었습니다.

선지자 나단을 통해 하나님의 질책을 들은 다윗은 이렇게 울부짖습니다.

"나를 주 앞에서 쫓아내지 마시며 주의 성신을 내게 서 거두지 마소서"

시편 51:11

다윗의 불안은 오직 하나, '하나님과의 관계가 끊어 지지는 않을까'의 문제였습니다. 이것이 가장 높은 차 원의 영적인 불안, 창조주와의 관계성 앞에서 느끼는 불안입니다.

사람들 앞에서 자기 이미지가 깎여도 좋고, 생존에 위협을 받아도 견딜 수 있고, 어떤 무거운 책임을 지는 것도 감당할 수 있는데, '주의 성신'이 떠나가는 것, 하 나님과의 관계 단절만은 견딜 수 없다는 간절한 고백 입니다.

다윗뿐만이 아닙니다. 사도바울도 이러한 불안을 가지고 살았던 인물입니다.

바울은 배를 타고 가다 풍랑을 만나고, 사람들에게 치욕을 당하는 것은 예삿일이었으며, 수없이 많은 죽을 고비를 넘겼습니다. 그러나 그는 온갖 고난을 당해도 전혀 불안해하지 않았습니다. 이 세상의 권세도, 명예도 그에게는 '갖지 못해 불안한' 대상이 아니었습니다. 그는 예수를 따르기 위해 잃은 모든 것을 배설물로 여긴다고 당당히 고백합니다. 이 세상을 살아가며 우리가 흔히 중요하게 여기는 것들을 잃었다고 해서 조금도 불안해하지 않았습니다. 그에게는 '예수를 따르지 못하는 것'이 유일한 불안의 이유였습니다.

"내가 남에게 전파한 후에 자신이 도리어 버림을 당할까 두려워함이로다"

고린도전서 9:27

바울은 자신이 아무리 복음을 전하는 자가 되었다고 해도 그 사역 자체가 자기를 구원할 수 없다는 것을 자각한 인물이었습니다. 늘 복음을 전했지만 자신이 하나님 앞에 교만해지고, 스스로를 높이는 죄를 범할지도 모른다는 데 불안감을 느꼈던 것입니다.

이러한 불안을 가진 자의 삶은 그야말로 빛이 납니다. 그의 삶은 거룩해집니다. 어제보다 오늘 더 하나님과 가까워지며 오늘보다 내일 더 예수 그리스도를 닮아가게 됩니다.

그대의 불안은 어떤가요?

불안의 다섯 단계를 정리하자면, 1단계에서 3단계까지의 불안은 '소유에 대한 불안'이라 할 수 있습니다. 자신이 소유하고 있는 재물과 명예, 이미지를 잃어버릴 지도 모른다는 걱정에서 오는 불안입니다.

1단계와 2단계의 불안은 빨리 떨쳐내야 할 불안입니다. 3단계의 불안은 우리의 생명과 인생을 위해 적절히 조절하며 간직해야 할 불안입니다.

4단계의 불안과 5단계의 불안은 '존재에 대한 불안'이라 할 수 있습니다. '자신의 양심 앞에', 더 나아가 '코람 데오! ─하나님 앞에' 내가 어떤 존재여야 하는가에 대해 고민하고 고백하는 거룩한 불안인 것입니다.

이제 자신이 간직한 불안은 어느 단계인지 마음을 들여다볼 필요가 있습니다.

1단계의 불안에 시달리고 있다면 반드시 벗어나야 합니다. 2단계의 불안이 있다면 용기를 내고 책임을 져서 문제를 해결해야 합니다. 3단계의 불안을 가지고 있다면 자신을 조절하는 방법을 배워야 할 것입니다. 4단계의 불안은 인간다워지기 위해 가져야 할 불안으로 수시로 자기 마음을 살피며 유지해야 합니다. 그리고

5단계의 불안, 이 세상을 살아가면서 영원히 간직해야 할, 창조주와의 관계가 단절되는 것에 대한 불안은 우리를 불멸로 인도하는 거룩한 불안입니다.

2.
'호르몬'의 균형을 위해
불안을 내려놓으세요

"이것을 너희에게 이르는 것은 너희로 내 안에서 평
안을 누리게 하려 함이라 세상에서는 너희가 환난
을 당하나 담대하라 내가 세상을 이기었노라"

요한복음 16:33

우리는 스스로 자기 안의 불안을 잘 다스려야 합니
다. 낮은 단계의 불안은 얼른 떨쳐내시고 높은 단계의
불안을 지니고 살아감으로써 존재의 품격을 끌어올려
야 합니다. 하나님께서 우리에게 주신 불안의 목적은
불안 그 자체가 아니라 우리의 삶을 고요한 항상성으
로 끌어올려 평안한 상태에 이르도록 하기 위한 것이

마인드 바이블

기 때문입니다.

"내 영혼아 네가 어찌하여… 불안해하는가? 너는 하
나님께 소망을 두라"

시편 42:5

불안감 때문에 심리적 압박을 받으면 우리 몸의 호
르몬은 걷잡을 수없이 교란됩니다. 불안한 감정이 과
도해져서 만성적인 불안이 되면, 교란된 호르몬이 우
리 몸을 망가뜨립니다. 신체의 건강을 소리 없이 강하
게 위협하는 침입자를 들이는 것과 같은 것입니다.

불안으로 오른 혈압, 다시 내릴 수 있을까요?

몇 넌 전, 가까운 지인 중에 직장문제로 거의 1년이
넘도록 극심한 불안에 시달리던 사람이 있었습니다.

무엇 하나 마음을 붙들어주는 것이 없어, 그 당시 마음이 매서운 칼바람 속에 홀로 남겨진 것처럼 공허했다고 합니다. 이러한 불안한 감정이 한 해가 넘도록 지속되다 보니 어느새 그의 몸에서도 변화가 일어났습니다.

그의 가족력을 들여다봐도, 생활습관 면에서도 전혀 이상이 없었음에도 혈압이 갑자기 190mmHg에 육박할 만큼 높아졌습니다. 그 동안 한 번도 문제를 일으킨 적이 없던 혈압이 갑자기 치솟아 버린 것입니다.

그는 일시적인 것이라 생각하고 '이러다 말겠지', '곧 원래대로 돌아오겠지' 하며 대수롭지 않게 여겼습니다. 그리고 얼마 지나지 않아 그가 불안해하던 문제가 말끔하게 해결되면서 도리어 이전보다 더 좋은 쪽으로 삶이 개선되었습니다. 그토록 심적인 괴로움을 안겨주었던 불안의 원인이 사라지게 된 것입니다.

그렇다면 상식적으로 혈압도 정상으로 돌아오는 것이 마땅해 보입니다. 하지만 결과는 그렇지 않았습니다. 불안의 원인이 해결되었음에도 그는 여전히 고

혈압을 앓고 있습니다. 왜 그럴까요?

우리가 불안을 느낄 때 '부신'에서 '부신피질호르몬'
이 분비됩니다. 부신은 신장의 좌우 한 쌍 위에 하나씩
붙어있는 내분비기관이고, 부신에서 분비되는 부신피
질호르몬은 우리 몸에서 주로 탄수화물과 무기질 대사
에 관여합니다. 이런 과정을 통해 우리 몸은 환경에 맞
는 항상성을 유지하게 됩니다.

그런데 불안과 같은 감정의 작용으로 부신피질호
르몬이 과다하게 분비되면 혈압이 상승합니다. 게다가
이렇게 한번 비정상적으로 혈압이 올라가버리면 문제
가 해결된다 하더라도 이미 높아진 혈압을 다시 내리
는 건 매우 어렵습니다. 우리 몸이 한번 극도로 긴장된
각성 상태를 겪어버리면 내분비기관이 그 상태를 그대
로 유지하려하기 때문입니다.

왜 이런 일이 일어났을까

생활에 여유가 있는 사람들보다, 생계에 어려움을 겪는 사람들이 살이 찌는 경우들을 보기가 쉽습니다. 한 번은 의료봉사를 위해 미크로네시아라는 작은 섬나라에 간 적이 있습니다. 그 섬의 사람들은 세계 원조에 의지해 살아가는 빈민국이었음에도 그 나라 상당수의 사람들이 비만이었습니다.

왜 가난한 사람이 더 비만한 걸까요? 이유는 불안감입니다. 그 섬에 사는 사람들은 지상천국 같은 자연환경과 풍부한 원조 덕으로 먹고 살 걱정은 없었지만 극심한 불안감을 가지고 있었습니다. 자신들의 미래가 어떻게 될지 모른다는 불안, 도움이 끊어질지 모른다는 불안감이 마음속에 늘 잠재해있었기 때문입니다.

우리 병원에서 수술을 받은 열세 살의 외국 여자아이가 있었습니다. 겉으로 보기에 그 아이는 조그맣고

앳되어 보이는 소녀였습니다. 그런데 막상 아이를 데려와 진료해보니 놀라지 않을 수 없었습니다. 작은 아이임에도 불구하고 이미 생리를 하고 있었고, 오래 전부터 성장판이 닫혀 있었습니다. 이 아이의 몸은 남들보다 빠르게 성숙해 이미 성인이 되는 시스템을 완성시킨 것이었습니다.

저는 왜 이런 일이 일어났는지를 짐작할 수 있었습니다. 이 아이는 어린 시절 부모님을 잃었습니다. 태어날 때부터 선천적으로 두 다리가 심하게 휘어진 장애를 가지고 있었고, 형제들과도 이별하게 되었습니다. 장애를 가진 채 가족과 떨어져 살아온 아이의 마음속에는 늘 불안감이 깊이 자리 잡아있었습니다. 이런 불안한 상태를 인지한 몸에서 부신피질호르몬이 과하게 분비되었던 것입니다.

불안이 만들어낸 호르몬은 몸을 망가뜨려요

불안감 때문에 분비된 부신피질호르몬은 우리 몸에 다양한 영향을 미칩니다. 일차적으로, 이 호르몬은 우리 몸으로 하여금 에너지 축적을 부추깁니다. 끊임없이 에너지가 필요하다고 속삭이면서 계속해서 무언가를 먹고 싶게 만듭니다. 불안에 많이 노출되어 있는 사람일수록 더 먹고 싶은 욕구가 발동하는 것입니다. 이러한 욕구는 과식을 부르고 이로 인해 혈압이 오르고 당뇨, 비만과 같은 성인병을 유발합니다.

얼마 전 2022년 월드컵 2차 예선이 북한에서 열렸습니다. 대한민국 대 북한의 경기, FIFA랭킹으로 따지자면 북한의 축구 실력은 한국과 비교할 수 없을 만큼 부족합니다. 그러나 결과는 0 대 0 무승부였습니다.

왜 그랬을까요? 물론 승부의 결과에는 다양한 원인

들이 있겠지만, 제가 볼 때 그 중 하나는 북한 선수들의 심리상태 때문입니다. 그들은 경기에서 지면, 안위를 보장받을 수 없다는 생각을 품고 경기에 임했을 것입니다. '절대 지면 안 된다'는 생각, '패배하면 응당한 대가를 치를 수밖에 없다'는 불안, 그런 심리적 압박 때문에 몸에서는 부신피질호르몬과 아드레날린이 솟구쳤을 것입니다.

부신피질호르몬과 부신수질에서 분비되는 아드레날린은 우리 몸에서 순간적으로 에너지를 생성하고 발산시키는 역할을 하게 됩니다. 빠른 시간 안에 근육을 만들고 에너지를 극대화시켜 약간 흥분된 상태가 되는 것입니다. 그러나 이 상태가 오래 지속되면 결국에는 근육을 파괴하고 고혈압, 비만 등 성인병을 일으켜 우리 몸을 병들게 합니다. 그래서 합성 부신피질호르몬인 스테로이드제를 운동선수들에게 허가하지 않는 것입니다.

하지만 심리적 불안으로 인해 몸속에서 저절로 생

성되는 아드레날린은 어떻게 당할 재간이 없습니다. 이 모든 요인을 일으키는 것이 바로, '불안'입니다.

평안에 도달하라고 속삭이는 목소리

감기에 걸리면 몸에서 열이 나고 으슬으슬 떨리면서 가슴 한편에 불안감이 엄습합니다. 가슴이 쿵쾅대고 기분은 저조해집니다. 바로 이때가 불안이 나를 살리기 위해 일을 하는 순간입니다. 한시라도 몸을 움직이지 않고는 못 배기는, 잠시라도 일하지 않으면 좀이 쑤시는 사람도 쉬게 만드는 것이 불안입니다. 충분한 휴식을 통해 몸속의 바이러스를 해결하고, 우리 몸이 '항상성'으로 돌아오도록 돕는 것입니다.

의학에서 사용하는 개념 중에 '호메오스타시스 homeostasis' 라는 말이 있습니다. '항상성'으로 번역되는 이 의학 용어는 수많은 외적, 내적 변화에 맞춰 체내의 균형을 일정하게 유지하는 항상성, 즉 평안한 상태를 뜻합니다. 불안은 우리를 멈추게 합니다. 불안은 우리를 다시 평안한 본래 상태로 되돌아가게 합니다. 멈추고 쉬고 숨을 고르게 합니다.

매해 늦여름 즈음에 으레 우리나라를 강타하는 태풍도 마찬가지입니다. 태풍예보가 발동하면 우리는 불안하지 않을 수 없습니다. 곳곳에서 교통정체, 시설물 낙하 등 사건사고가 뒤따릅니다.

그런데 지구상에 발생하는 이런 크고 작은 태풍은 지구의 자정 작용을 돕는 역할을 합니다. 바닷물을 순환시켜 적조 현상을 없애고, 대기 중 오염물질을 씻어낼 뿐 아니라, 에너지 순환을 통해 열의 균형을 맞춥니다. 그리고 평안한 상태, 안정적인 상태, '호메오스타시스'로 돌아가게 합니다.

거대한 자연에서 한 사람의 인격에 이르기까지, 피

조물이 어떤 평온의 상태로 돌아오기 위해서 반드시 불안이라는 과정을 거치게 되어 있습니다. 불안이 찾아 왔다는 것은 지금보다 나은 평안의 상태로 돌아가라는 일종의 부름, 콜링인 것입니다.

> "이것을 너희에게 이르는 것은 너희로 내 안에서 평안을 누리게 하려 함이라 세상에서는 너희가 환난을 당하나 담대하라 내가 세상을 이기었노라"
>
> 요한복음 16:33

인류의 모든 죄를 짊어지신 창조주, 기꺼이 인간이 되신 예수께서 이 땅에서 지신 십자가는 우리에게 영원한 평안함을 가져다주었습니다.

"나의 하나님 나의 하나님 어찌하여 나를 버리셨나이까?" 십자가 위에서 외친 한 마디 속에 예수께서 느끼셨을 불안의 고통이 그대로 배어 있습니다. 영원한 평안에 이르기 위한 극도의 불안, 그것이 인간에게 영원한 구원을 가져다 준 예수의 십자가입니다.

우리는 언제 불안을 느낄까요? 자기 안에서 모순을 느낄 때입니다. 십자가를 볼 때 불안을 느낀다면 그건 우리가 믿는 신앙과 우리의 현존이 모순 상태이기 때문입니다. 십자가 앞에서 진실하지 못한 자기를 발견하는 사람에게는 십자가가 평안이 아닌 불안인 것입니다.

그러나 자신을 십자가에 못 박은 사람에게 십자가는 불안이 아닙니다, 평안입니다. 끊임없는 질문과 고민, 간절한 기도와 말씀의 응답을 통해 자기 내면의 모순을 해결한 사람은 십자가에서 영원한 구원의 평안을 누리게 되는 것입니다.

불안은 평안에 도달하라는 메시지입니다. 내면의 모순, 도덕적 모순, 양심적 모순, 신앙적 모순을 해결하고 평안에 이르라 요청하는 하나님의 메시지입니다.

4장

외로움, 나에 의한 나의 소외

누구나 외로움을 느낍니다. '빠담 빠담Padam Padam'
이라는 노래를 불러 당대 최고의 인기를 누렸던 프랑
스의 샹송가수 에디트 피아프Edith Piaf(1915-63)는 뛰어
난 노래 실력과 아름다운 외모로 화려한 젊은 시절을
보냈습니다. 그야말로 재색을 겸비한 사람이었습니다.
그녀에게는 남 부러울 것이 없어 보였습니다.

하지만 그녀는 전성기로부터 얼마 지나지 않아 마
약 중독자가 되었고, 일생 동안 무려 네 번의 교통사고
를 당하게 됩니다. 향년 47세, 병색이 완연해진 그녀를

찾아간 기자가 이렇게 물었습니다.

"죽음이 두렵나요?"

그러자 에디트 피아프는 이렇게 말했습니다.

"죽는다는 건 두려운 일이죠. 하지만 외로움보다는 두렵지 않아요."

이 한마디에 사람들은 일평생 그녀가 얼마나 외로운 삶을 살아왔는지 어렴풋이 짐작할 수 있었고, 그녀의 한마디는 많은 이들의 연민을 샀습니다.

마인드 바이블

I.
현대인의 일상이
되어버린 외로움

"그가 대답하되 내가 만군의 하나님 여호와께 열심이 유별하오니 이는 이스라엘 자손이 주의 언약을 버리고 주의 제단을 헐며 칼로 주의 선지자들을 죽였음이오며 오직 나만 남았거늘 그들이 내 생명을 찾아 빼앗으려 하나이다"

열왕기상 19:10

에디트 피아프가 세상을 떠나고 60여년이 흐른 2020년, 세계는 외로움이 더 이상 개인적인 문제가 아니라, 사회적이고 국가적인 문제라는 데 동의하고 있습니다.

한 예로 2017년 영국 정부는 외로움을 담당하는 정부 부처를 신설하고 트레이시 크라우치Tracey Crouch라는 여성 장관을 임명 하였습니다. 뒤이어 영국은 자살을 예방하기 위해 신생부서까지 설립하는 등 국가적으로 '외로움'에 대처하기 위한 노력을 기울이고 있습니다. 영국이 외로움과 자살을 담당하는 부서를 신설한 데에는 까닭이 있습니다.

영국의 75세 이상 노령 인구의 절반 이상은 독거노인이며, 약 900만 명의 사람들이 일주일에 한 번도 타인과 대화를 하지 못한 채 '지독한 외로움' 속에 살고 있는 것이 현실이었기 때문입니다. '외로움'이라는 감정에 생리학적으로 접근한 한 연구팀은 '외로움이 하루에 담배 15개비를 피는 것보다 더 몸에 해롭다'는 충격적인 결과를 발표하기도 했습니다.

그렇다면 우리나라의 현실은 어떨까요? 한국 리서치에서 19세 이상 성인 1,000명을 대상으로 설문조사를 진행한 결과, 한 달 동안 상시적으로 외로움을 느끼거나 수시로 외로움을 느낀다고 대답한 사람들이 전체의 약 25퍼센트로 나타났다고 합니다. 우리나라도 예외 없이 '외로움 공화국'의 반열에 들어섰다는 것을 의미합니다.

혼자라서, 늙어서 외로울까요?

여기에서 짚고 넘어가야 할 사실이 있습니다. '외로움이라는 감정을 어떻게 바라보고, 어떻게 받아들일 것인가?' 하는 문제입니다. 우리는 대부분 '외로움'을 오해하고 있습니다. 대표적인 것이 '혼자이기 때문에 외롭다'는 생각입니다.

한 20대 청년이 저에게 상담을 청한 적이 있었습니다. 그의 이야기는 이러했습니다.

"저는 혼자인 게 외로워요. 그래서 습관적으로 혼술을 즐기는데, 이런 식으로 혼자 술을 먹다 보면 점점 더 외로워지더라고요. 외로운 게 싫어서 소개팅도 여러 번 해 봤는데 잘 안됐어요. 제가 마음에 들어 하는 사람들은 저를 좋아하지 않았어요. 결국 저는 지금도 혼자이고, 한 살 씩 먹을수록 더 외로워지는 것 같아요."

청년의 이야기는 결국 '혼자 있는 것이 외롭다'는 이야기입니다. 술로 외로움을 달래 보려고 해도 외롭고, 이성친구로 외로움을 달래고 싶은데 그마저도 마음대로 안 된다는 것이었습니다.

그런데 정말 '혼자이기 때문에' 외로운 것일까요? 혼자이기 때문에 외로운 것이라면 같이 있으면 외롭지 않아야 합니다. 그런데 우리는 누군가와 함께 있어도 외로움을 느낍니다. 심지어 우리는 '혼자 있고 싶은' 욕구를 강하게 느낄 때도 생각보다 많이 있습니다.

외로움의 실태를 다룬 한 기사를 읽다가 '혼자이기

때문에 외롭다'는 명제에 대해 네티즌들이 달아놓은 댓글을 읽어본 적이 있습니다. 그 중 특히 공감 가는 댓글이 몇 개 있습니다.

ㄴ. "혼자 있으면 외롭지만 둘이 있으면 괴롭다"

ㄴ. "죽을 만큼 외로워 봤고 죽을 만큼 괴로워 봤다.
그러나 괴로운 것 보다는 외로운 것이 훨씬 낫다.
외로움은 사치일 뿐이다"

ㄴ. "둘이 있어도 외롭고 혼자 있어도 외롭고 모임에
가도 외롭다"

이 댓글들이 입을 모아 말하는 것이 무엇일까요? 결국 외로움의 이유는 '혼자이기 때문'만이 아니라는 겁니다. 그렇다면 도대체 왜 외로움을 느끼는 것일까요? 저는 한 설문조사를 통해 힌트를 얻을 수 있었습니다. 그 설문조사는 연령대별로 '외로움을 느끼는 정도'를 분석한 것이었는데 결과가 이색적이었습니다.

간략하게 정리하자면, 20대 참가자 중에서 약 40퍼센트가 외로움을 느끼는 것으로 나타났고, 30대는 29퍼센트, 40대는 24퍼센트, 그리고 50대는 약 20퍼센트가 외로움을 느끼는 것으로 조사되었습니다. 반면 60대 이상 참가자는 약 17퍼센트만이 외로움을 느낀다고 응답을 했습니다.

우리의 상식대로라면 노년일수록 외로움을 느끼는 정도가 커져야 하는데 리서치 결과는 반대의 메시지를 전하고 있습니다. 나이가 들수록 외로움을 느끼는 감정이 점점 줄어 들고 있다는 것입니다. '나이가 어릴수록 외롭고 나이가 들수록 덜 외로워한다.' 이 결과는 우리에게 중요한 메시지를 던져 주고 있습니다.

10대와 20대 청년 시기에는 자나 깨나 공부와 취업을 위해 몸부림치는 시기입니다. 그러다가 30대, 40대가 되면 가정을 꾸리고 안정을 얻기 위해 전력질주 합니다. 50대를 넘어서면 어떤가요? 그때부터 서서히 자기를 돌아볼 여유를 가지게 됩니다.

'살아오면서 얻은 것이 무엇이고 잃은 것은 무엇인가?, 나는 이대로 사회의 부속품처럼 살다가 버려지는 것이 아닌가?, 나의 참된 본질이 무엇일까?'

나이를 먹으면서 사람들은 잃어버렸던 혹은 잊고 살았던 자기 자신을 돌아보게 됩니다. 그렇습니다. 우리는 나이가 들면서 조금씩 '나 자신'에 대해 진지하고 깊은 성찰을 하게 됩니다.

나로부터 내가 소외될 때

내가 나로부터 소외당하고 있을 때 느끼는 감정이 외로움입니다. 열왕기상을 보면 엘리야가 갈멜산에서 바알과 아세라를 섬기던 850명의 제사장들을 물리친 후 지독한 외로움에 빠지게 되는 이야기가 나옵니다. 엘리야는 갈멜산에서 승리한 후 자기 목적을 다 이루

마인드 바이블

었지만 외로웠던 겁니다. 이세벨이 엘리야를 죽이겠다고 협박을 해서 외로운 것이 아닙니다. 엘리야의 외로움은 자기 정체성으로부터 자기가 소외되고 있다는 생각에서 비롯된 것이었습니다. 850 대 1로 싸워서 승리했지만 이스라엘을 변화시키지 못하자 엘리야는 허무해집니다. '이제 나는 무엇을 해야 하는가? 내가 뭐지? 내가 한 일이 무슨 의미가 있지?'. 이렇게 스스로 소외당하고 있다는 감정, 이게 외로움의 본질입니다.

> "그가 대답하되 내가 만군의 하나님 여호와께 열심이 유별하오니 이는 이스라엘 자손이 주의 언약을 버리고 주의 제단을 헐며 칼로 주의 선지자들을 죽였음이오며 오직 나만 남았거늘 그들이 내 생명을 찾아 빼앗으려 하나이다"
>
> 열왕기상 19:10

이 상황에서 하나님은 엘리야가 직면하고 있는 외

로움의 본질 안으로 들어가십니다. 그리고 외로운 엘리야에게 세 개의 사명을 주십니다. 예후를 이스라엘의 왕으로 세우게 하고, 엘리사에게 기름을 붓게 하고, 아람의 하사엘에게 기름 붓게 하는 일을 하게 하십니다. 그러자 엘리야의 외로움은 극복이 됩니다.

잃어버린 '참된 나'를 찾으세요

외로움의 감정이 우리에게 전하고 있는 메시지는 동일합니다. 우리가 외로운 이유는 '자기 자신을 잃어버리고 있기 때문'입니다. 나 자신에 대해 생각할 겨를이 없고, 성취와 목표만을 향해 100미터 달리기라도 하듯 전속력으로 달리고 있기 때문입니다. '나 자신'이 철저히 '나 자신'을 외면하였고 소외시키고 있었기 때문입니다.

우리가 홀로 있을 때나 누군가와 함께할 때나 상관

마인드 바이블

없이 '외로움'이라는 감정을 느끼는 것은 '잃어버린 참된 자기 자신을 찾으라'는 하나님의 메시지입니다. 내가 이 땅에서 살아가는 이유를 창조주 하나님께 묻고, 구하고, 응답하라는 것입니다.

인간은 피조물입니다. 기계에도 사용설명서가 있듯이 우리를 지은 창조주에게는 우리 삶에 대한 설명서가 있습니다. 그리고 그것은 말씀으로 이미 우리에게 주어져있습니다.

즉 우리는 이미 명료하게 알고 있습니다. 우리가 이 세상에 사는 동안 이루어가야 할 인생의 메시지, 창조주 하나님을 사랑하고 가진 것으로 이웃을 섬기는 일에 이제 참여하라는 부르심을 말입니다.

외로움을 느끼고 있고, 그 외로움 때문에 괴롭나요? 그것은 우리가 헛된 것에 집착하고 살아가면서 참된 자기를 떠나 있기 때문에 그런 것입니다. 외로움에서 벗어나기 위해 무작정 누군가를 만나거나 퇴근 후 무리한 약속을 잡기 전에 먼저 '나 자신'이 스스로에게 응답해야 합니다. 내가 이 세상을 살아가는 이유와 나의 참된 본질이 무엇인지 혼자 오롯이 고민하고 묵상해 볼 때입니다.

자기의 본질을 꼭 붙잡은 사람, 그는 혼자 있어도 외롭지 않고 무리와 함께 있어도 외롭지 않습니다. 자기 자신을 찾으라는 외로움의 목소리에 응답했기 때문이며, 메시지에 응답받은 감정은 더 이상 우리 안에서 힘을 쓸 수 없기 때문입니다.

마인드 바이블

2.
'백혈구'도 괴로워하는
외로움의 고독

"내가 밤을 새우니 지붕 위에 외로운 참새 같으니이다"

시편 102:7

우리는 흔히 외로울 때 '옆구리가 시리다'는 말을 합니다. 외롭다는 말을 돌려서 '춥다'라고도 합니다. 그렇다면 정말 외로우면 추울까요?

외로움은 우리를 위축시키기도 합니다. 외로운 사람들은 겉보기에도 잔뜩 움츠러든 모습입니다. '외로움'이라는 감정은 이렇게 우리의 체온과 자세에 영향을 미칩니다.

외로움이 우리 몸에 미치는 영향, 과연 이것뿐일까

요? 외로움이 우리 몸에 어떤 피해를 주는 지 여러 측면에서 살펴보겠습니다.

외로우면 옆구리가 시려요

외로우면 추울까요? 여기 흥미로운 연구가 있습니다. 캐나다 토론토 대학의 한 심리학 연구팀에서 2008년이 명제를 가지고 실험을 진행하였습니다. 그들은 대학생 65명을 두 그룹으로 나누어서 각각 다른 상상을 하도록 지시했습니다. A그룹의 피험자들에게는 '나는이 세상에서 소외된 사람이다. 나는 고립되어 있다'는 생각을 하게 했고, B그룹에게는 '나는 사회에 적응하는 사람이고, 외로운 사람이 아니다'라고 생각하게 했습니다. 이후 두 그룹을 같은 방에 모이도록 한 뒤 피험자들에게 "당신이 느끼는 이 방의 온도는 몇도 정도 되는가?" 라는 질문을 던졌습니다. 피험자들의 대답은 12℃

에서 40℃까지 제각각 이었습니다. 흥미로운 점은 '나는 고립되어 있고 외롭다'고 생각한 A그룹 피험자들이 B그룹의 피험자들에 비해 방의 온도를 확연히 낮게 느꼈다는 사실입니다.

이번에는 피험자들에게 공을 주고받는 온라인 게임을 하게 했습니다. 이 때 A그룹에게는 공을 주고받는 게임을 하게하고, B그룹에게는 혼자서 공을 던지고 받는 게임을 하게 했습니다. 일정 시간이 흐른 후, 두 그룹 앞에 뜨거운 커피, 수프, 사과, 크래커, 시원한 콜라를 놓아두고 원하는 것을 고르도록 했습니다. 그 결과, 음식을 선택하는데 있어서 그룹 구성원들 간에 일련의 공통점이 발견되었습니다. 다른 사람과 공을 주고받은 A그룹은 시원한 음식을 선택했고, 혼자 공놀이 게임을 한 B그룹은 뜨거운 커피나 수프를 선호한 것입니다.

이 실험 결과를 통해 우리가 유추할 수 있는 점은

'외로운 사람들은 활동과 행동이 위축되는 경향이 있다'는 사실입니다. 몸이 움츠러들고 위축되면 우리 몸은 자연스럽게 '춥다'고 느끼게 됩니다. 그렇게 위축된 생활 방식이 반복되면 몸의 신진대사 능력을 저하시키는 결과를 가져오게 됩니다.

뇌의 신경세포를 잠재우는 외로움

외로움이 우리 몸에 미치는 영향은 그저 으슬으슬한 추위가 느껴지거나 신진대사를 저하시키는 정도에서 끝나지 않습니다. 미국 플로리다 주에서 50세 이상의 사람들 12,030명을 대상으로 '외로움이 인간의 질병에 미치는 영향'에 대해 연구를 진행하였습니다. 그 결과, 외로움의 영향을 가장 많이 받는 질환으로 '치매'가 단연 1위를 차지했습니다. 혼자 지내는 사람들이 치매에 걸릴 확률이 가족들과 함께 지내는 사람들보다

40퍼센트 이상 높게 나타난 것입니다. 또한 홀로 지내는 사람들은 치매뿐만 아니라 혈당 수치와 혈압 등이 상대적으로 더 높은 편이었습니다.

외로움을 느끼는 시간이 길어지게 되면 우리 뇌의 능력은 저하되기 쉽습니다. 인간은 근본적으로 사회적 존재이기 때문에 타인과 마음을 주고받고 대화를 나누면서 신경세포가 활발하게 움직이게 됩니다. 그런데 외로운 사람들은 상대적으로 타인과의 교류가 적어 신경세포가 퇴화되면서 뇌의 능력이 저하될 가능성이 높다는 것입니다. 뇌 기능 저하는 기억력 감퇴를 부추기고 치매에 걸릴 확률을 급격히 높일 수 있습니다.

면역을 위협하고, 종양을 키우고

외로움은 우리 몸의 혈액에도 적잖은 영향을 미칩

니다. 플로리다 주립대학에서 외로움을 느끼는 사람들의 혈액과 그렇지 않은 평범한 사람들의 혈액을 비교 연구했습니다. 그 결과 두 그룹의 혈액 성분에 확연한 차이가 발견되었습니다. 외로움을 느끼는 집단의 혈액에 백혈구가 훨씬 적게 나타난 것입니다. 우리 몸의 면역을 담당하는 백혈구의 수는 건강과도 직결되는 중요한 요소라는 점에서 외로움이 백혈구의 생성에 영향을 미친다는 이 연구는 시사하는 바가 큽니다.

우리 몸은 외로움을 스트레스로 인지합니다. 그렇기 때문에 외로움을 느낄 때 우리 몸에서는 그 스트레스를 해결하기 위해 더 많은 백혈구를 필요로 하게 되고, 이로 인해 외부 침입자와 싸워 우리 몸을 지켜야하는 백혈구를 비정상적으로 소모하게 됩니다. 그렇게 우리 몸의 면역력이 저하되는 것입니다.

면역력이 떨어지면 우리 몸은 염증에 무방비로 노출될 수 있습니다. 이렇게 증가한 염증 세포는 암세포를 제거하는 종양 억제유전자의 변이를 유도함으로써 암 발생률을 높이기도 합니다.

"내가 밤을 새우니 지붕 위에 외로운 참새 같으니이다"

시편 102:7

우리는 '외로움'에 어떻게 반응해야 할까요? 혼자 있고 둘이 있고를 떠나서 우리는 외로움이라는 감정을 받아들이고 다스리는 방법을 터득해야 합니다. 외로움을 즐긴답시고 방치하다가는 애꿎은 백혈구만 희생시킬 수 있습니다. 외로움은 회피의 대상도 아니고 즐길 대상도 아닙니다. 우리의 마음이 '나 자신'에게 보내는 편지입니다. 참된 자기 자신으로부터 스스로를 소외시키지 말라고, 진실된 자기 자신을 잘 챙겨달라고 메시지를 전하고 있는 것입니다.

5장

수치심, 심해의 감정

우리 인간들은 이중적입니다. 겉으로는 웃고 있지만 속으로는 깊은 슬픔을 감추고 있기도 합니다. 친절하고 상냥한 모습으로 상대방에게 여유를 보이지만 마음속으로는 온갖 걱정과 시름으로 속이 새까맣게 타버린 사람들이 허다합니다. 이렇게 겉으로는 좋은 것을 보여주려고 하지만 속으로는 그렇지 않을 때가 있는 것입니다.

SNS를 보면 사람들은 자신의 피드Pheed에 이색적인 여행과 커피 한잔의 여유를 게시하고, 온갖 화려

하고 따뜻한 수사로 일상을 전시합니다. 그러나 화려해 보이는 일상의 민낯을 들여다보면 그들의 진짜 삶은 정작 고독과 열등감, 수치심으로 가득한 허상일 때가 많습니다. SNS에서 보여주는 화려한 수사들, 그것은 어쩌면 자신의 수치를 포장하기 위한 거품막이 아닐까 생각해봅니다.

삶의 방식뿐 아니라 감정 역시 이중적입니다. 마음속에 일어난 감정을 있는 그대로 드러내며 사는 사람이 얼마나 될까요? 어쩌면 이미 우리 모두는, 겉으로 보이는 화려함 속에 자신의 수치를 숨기는 SNS 속 모습처럼 이중성을 가장 편리한 삶의 방식으로 선택했는지도 모릅니다.

마인드 바이블

Ⅰ.
당신의 겉과 속은
같은가요?

"이에 그들의 눈이 밝아져 자기들이 벗은 줄을 알고
무화과나무 잎을 엮어 치마로 삼았더라"

창세기 3:7

우리는 타인과 소통할 때 감정을 치밀하게 계산하
며 대화하곤 합니다. 상대방의 감정과 나의 감정을 주
고받으면서 거래하듯 인간관계를 이룹니다.

'내가 타인에게 이런 감정을 보여주었을 때, 어떤
감정이 피드백으로 돌아올까?'

'내가 이런 감정을 보여주면 상대방은 나를 어떤 사
람으로 평가할까?'

이런 물음을 매순간 스스로에게 던지며 찰나와 같은 선택으로 적절한 감정을 표현하며 살아갑니다. 이럴 때 보통은 진짜 감정보다는 가짜 감정, 전시용 감정을 내어놓는 경우가 많습니다.

진짜 감정은 감추어진 곳에 있습니다. 마치 빙산의 90퍼센트가 수면 아래의 깊은 심해에 잠겨있는 것처럼 겉으로는 쉽게 드러나지 않는 마음속 깊은 감정, 그것이 바로 우리의 '진짜 감정'입니다. 우리는 삶 속에서 그렇게 훈련받아왔습니다. 진짜 감정을 드러내면 불리하다고, 지는 거라고 말입니다.

그대 감정의 밑바닥에는

두 남녀가 만났습니다. 남자는 다소곳하고 조용한 여자가 마음에 들었습니다. 여자는 자신의 소극적인 성격에 비해 매사 적극적이며 친절하고 문제에 의연

마인드 바이블

하게 대처하는 남자의 태도를 보고 자신에게 없는 여유와 패기가 느껴져서 좋았습니다. 여자가 문제를 이야기하면 남자는 문제를 척척 해결해주었습니다. 둘은 서로에게 호감을 느끼고 마침내 결혼하게 되었습니다.

결혼해서 아기를 낳고 살다보니 현실적인 문제들이 찾아왔습니다. 경제적으로도 빠듯하고 서로를 받아줄 여유가 없어졌습니다. 그러자 결혼 전에는 보이지 않았던 심해의 진짜 감정들이 올라오게 되었습니다. 문제 앞에서 남자는 그동안 폭력적인 성향을 감추고 있었다는 것이 드러났고 다소곳할 줄 알았던 여자는 강압적인 상대 앞에서 말문을 닫아버리는 폐쇄적인 성향을 보였습니다.

처음에는 둘 다 좋은 감정으로 만났는데 어쩌다 이렇게 안 좋은 감정으로 서로를 대하게 된 것일까요? 처음에는 포장된 감정으로 만나서 서로를 좋게 보았겠지만 막상 살다보니 밑바닥의 진짜 감정이 드러난 것입니다.

그렇다면 왜 사람들은 자신의 진짜 감정을 숨기고 그럴싸하게 포장된 가짜 감정을 나타내는 것일까요? 다름 아닌 '수치심' 때문입니다. 타인에게 드러내기 부끄러운 무엇인가가 우리 안에 있기 때문이지요. 하지만 인간은 완전하지 못합니다. 일시적으로 눈가림을 하다가도 곧 우리의 진짜 감정이 발각됩니다.

그 진짜 감정은 보통 자신이 가장 편안함을 느끼고 있는 상대에게 불쑥불쑥 튀어나가곤 합니다. 이러한 성향은 성공한 사람들에게서 많이 볼 수 있습니다. 대외적으로는 친절하고 신사답다고 소문난 성공한 CEO가 알고 보니 오랫동안 가정폭력을 일삼아온 두 얼굴의 인간이었다는 기사를 심심치 않게 접하게 되는 것도 이와 같은 맥락입니다. 가정은 그럴 듯한 가짜 감정으로 자신을 포장하려는 노력이 느슨해지는 곳입니다. 피로가 쌓여 면역력이 약해졌을 때 입술이 부르튼다든지 눈이 빨갛게 충혈되는 등 사람마다 신체의 가장 약한

마인드 바이블

부분으로 질병의 증상이 터져 나오는 것처럼, 우리의
진짜 감정도 긴장의 고삐가 해제되는 장소에서 있는
그대로 터져나와버리는 겁니다.

부끄러워 나를 가려버리면

"그들이 그 날 바람이 불 때 동산에 거니시는 여호
와 하나님의 소리를 듣고 아담과 그의 아내가 여호
와 하나님의 낯을 피하여 동산 나무 사이에 숨은지
라. 여호와 하나님이 아담을 부르시며 그에게 이르
시되 네가 어디 있느냐? 이르되 내가 동산에서 하나
님의 소리를 듣고 내가 벗었으므로 두려워하여 숨
었나이다"

창세기 3:8-10

수치심은 '사람이 자기 자신을 인식했을 때 느끼는

마인드 바이블

부끄러움'입니다. 희한하게도 사람이 자기의 본모습을 인식했을 때 수치심을 느낀다는 것입니다. 자의식이 형성되기 전인 어렸을 때는 수치심이라는 감정에 무디다가 자의식을 갖기 시작하는 청소년기 이후부터 수치심을 느끼거나 드러내는 경우가 많은 것도 그런 이유 때문입니다.

우리는 처음에는 수치심을 가리기 위해 문제를 회피하기도 하고, 화를 내기도 하고, 친절한 척 포장을 해보기도 하지만 그 모든 것은 가짜 감정일 뿐입니다. 진짜 나를 이끌어가는 동력은 마음속 심연에 숨어있는 감정인 '수치심'인 것입니다.

하나님은 왜 인간에게 수치심이라는 감정을 주셨을까요? 그것은 하나님 앞에서 '자신의 불완전성을 인정하라'는 의미입니다. 인간은 완벽한 존재가 아닙니다. 정확히 말하자면, 인간은 '완벽하게 불완전한' 존재입니다. 이 사실을 인정하고 구원의 손길을 받아들이게 하시려고 보내주신 선물, 이것이 수치심이라는 감정입니다.

뜨끔한 그 마음을 인정하세요

우리는 수치심 때문에 자신의 감정과 본모습을 숨기고 이중적으로 살게 됩니다. 우리가 우리 내면의 진짜 감정과 진짜 모습을 보았을 때 느끼는 감정이 바로 '수치심'이며 이 감정은 하나님께서 어떤 목적을 갖고 우리에게 주신 것입니다.

> "이에 그들의 눈이 밝아져 자기들이 벗은 줄을 알고 무화과나무 잎을 엮어 치마로 삼았더라"
>
> 창세기 3:7

창세기에는 인간이 처음 느꼈던 감정의 출발점이 나옵니다. 자의식이 생기고 자신의 본 모습을 직면하게 되었을 때, 인간이 하는 첫 행동은 부끄러워 자신을 가리는 것입니다. 즉 수치심을 느꼈기 때문에 그 모습을 감추고자 자신을 포장한 것입니다. 그러하기에 벌거벗는 것을 부끄러워하고, 자신의 경제적 능력을 부끄러워하고, 자기의 학벌, 가족, 경험 등 저마다 다양한 곳에서 자기 자신이 있는 그대로 드러나는 것에 부끄러움을 가지고 있습니다.

누군가와 대화를 나누는 중에, 혹은 강연이나 목사님의 설교를 듣는 와중에 여러분이 찔리는 말을 들었다고 가정해봅시다. 신앙이 좋은 분들은 '성령님께서 오늘 말씀을 통해 나에게 이런 이야기를 하셨구나. 찔리는 부분을 고쳐야겠다.' 하시겠지만 그날 기분이 좋지 않거나 아직 믿음이 약하다면 그 분에게는 그 뜨끔했던 마음이 전혀 은혜가 되지 않을 것입니다. 오히려 짜증날 수도 있습니다. 그런 분들은 '나를 전혀 존중하지 않는다'고 단정하거나 '나랑 잘 안 맞는 사람'이라고 선을 그어버리기 일쑤입니다. 이는 상대가 자기 안에 있는 수치심을 건드렸다고 생각하기 때문에 나타나는 반응입니다. 자신이 수치심을 느꼈다고 생각하는 순간 아무리 그 말이 옳고 인정할 만하다 하더라도 마음이 닫히게 되는 것입니다. 내 마음 밑바닥에 숨어있는 연약함을 가리고 싶어 하는 것이 인간의 본능이기 때문입니다.

수치심은 거룩한 하나님의 선물

우리는 어떻게 해야 우리의 기본 감정인 '수치심', 부끄러운 감정을 해결할 수 있을까요? 수치심은 인간의 타락과 죄로 인해 생긴 결과가 아닙니다. '하나님께서 인간에게 주신 선물'입니다. 수치심을 통해 하나님께서 우리에게 '자신의 불완전성을 인정하라'고 말씀하시는 것입니다.

아담과 이브가 선악과를 먹고 수치심을 느꼈다는 것은 선악과를 따먹은 결과로 벌을 받은 것이 아닙니다. 선악과 앞에, 하나님의 공의와 율법 앞에 수치심을 느끼면서 내가 '불완전한 존재'임을 깨닫고 자신의 연약함을 자각하게 하려는 메시지인 것입니다.

우리가 수치심 속에서 헤어 나오지 못하는 이유는 결국 자기가 불완전하다는 것을 인정하기 싫은 마음 때문입니다. 나는 완전해야하고, 다른 사람에게 존중받아야하고, 다른 사람보다 멋있어야한다는 마음이 우리 안에 있기 때문입니다.

자기의 불완전성을 인정하지 않고 완전성을 추구하다보니 수치심을 가리기 위해 끊임없이 가짜 감정을 만들며 살아가는 것입니다. 그런데 이것이 스스로를 불행하게 만듭니다.

어떤 분이 이런 간증을 하셨습니다. 그분이 초등학생일 때 부모님이 이혼하셨습니다. 다행히 학급에서 공부를 잘하는 편이었고 교우관계도 좋았습니다. 그러던 어느 날 자신을 질투하던 친구가 그 분에게 "너는 엄마도 없잖아." 라고 말을 했을 때, 수치심 때문에 얼어붙은 자신의 모습을 보았습니다.

우연히 선생님께서 그 장면을 목격하고 둘을 데리고 나가 이런 말씀을 해주셨다고 합니다.

"가정은 부모님이 함께 계시는 가정이 있을 수도 있고, 어머님만 계시거나 아버님만 계시거나 혹은 부모님이 계시지 않은 가정도 있을 수 있어. 한쪽 부모님만 계신 것은 친구의 잘못이 아니야. 이것은 상처야. 너도 부모님과 함께 살고 있지만 부모님이 이혼하시거나 사고가 나면 너도 어머니나 아버지가 없을 수도 있어. 만약 그렇게 된다면 그것은 너의 잘못이니, 너의 상처니?"

친구는 자신이 한 행동이 다른 사람에게 상처를 입힐 수 있다는 것을 알게 되었고 선생님의 가르침대로 사과를 했습니다.

그분은 선생님의 말씀을 들으면서 '나도 그 말을 하고 싶었는데, 내가 하고 싶었던 말인데, 그 아이가 나를 공격할 때 선생님이 하셨던 말이 내 안에 있었음에도 나는 왜 아무 말 못하고 얼어붙었던 것일까?' 생각을 했습니다. 그리고 그 이유를 깨닫게 되었습니다.

인정하고 싶지 않았기 때문입니다. 자신의 불완전성과 부끄러움을 인정하고 싶지 않고 감추고 싶었기 때문에 솔직하게 대응하지 못하고 애써 아무렇지 않은 듯 바보처럼 얼어붙어있던 것이었습니다.

수치심은 거룩한 하나님의 선물입니다. 부끄러움을 느끼고 수치심을 자각하는 사람은 '하나님, 저는 불완전합니다'라고 고백하고 하나님의 은혜를 입고 살아갑니다. 수치심을 통해서 우리 존재가 불완전하다는 것을 인정하는 순간 놀랍게도 수치심은 사라지고 하나님의 은혜가 덮어주심을 경험하게 됩니다. 나아가 타인을 이해하고 다른 사람에게도 공감을 얻을 수 있는 넓은 사람으로 살아가게 되는 것입니다. 그것은 수치심의 목적이 이루어졌기에 가능한 것입니다.

마인드 바이블

2.
'위장건강'을 위해
수치심을 인정하세요

"말하기를 나의 하나님이여 내가 부끄럽고 낯이 뜨
거워서 감히 나의 하나님을 향하여 얼굴을 들지 못
하오니 이는 우리 죄악이 많아 정수리에 넘치고 우
리 허물이 커서 하늘에 미침이니이다"

에스라 9:6

선악과를 먹고 자신이 발가벗었다는 것을 깨달았
을 때 아담은 수치심을 느낍니다. 그리고는 무화과나
무 잎사귀로 자신의 치부를 가립니다. 수치심은 자기
가 자기를 봤을 때 느끼는 감정입니다. 내가 발가벗고
있다는 것을 내가 보고 느낀 감정입니다. 자기가 자기

를 보는 의식, 이를 자의식이라고 합니다. 갓난아기들은 수치심을 못 느낍니다. 자의식이 없기 때문입니다.

왜 우리는 자신을 자각하게 되었을 때 수치심을 느낄까요? 그 이유가 수치심의 목적이자 하나님께서 우리에게 수치심을 허락하신 이유입니다. 자기를 발견하라는 것입니다.

'나란 어떤 존재인가? 하나님 앞에 온전하지 못하고 부끄러운 존재구나!' 이 깨달음을 얻으라는 것입니다. 수치심을 좋고 나쁨으로 평가하기보다는 수치심의 선한 목적을 발견하는 것이 더 중요합니다.

사과 같은 내 얼굴

사과 같은 내 얼굴, 예쁘기도 하지요, 눈도 반짝
코도 반짝 입도 반짝 반짝

우리가 어린 시절 즐겨 부르던 동요입니다. 우리는 보통 부끄러운 상황을 맞닥뜨렸을 때 이 노랫말처럼 사과 같은 얼굴이 되곤 합니다. 바로 얼굴이 빨개지는 것입니다.

개와 같은 동물들은 아무데나 소변을 보다 들켜도 낯빛이 변하지 않습니다. 골목길에서 쓰레기봉투를 뒤지다 걸리더라도 고양이의 얼굴이 빨개지지는 않습니다. 얼굴이 빨개지는 존재는 오로지 인간밖에 없습니다. 수치심은 우리 신체에 이렇게 특별한 반응을 일으킵니다.

"말하기를 나의 하나님이여 내가 부끄럽고 낯이 뜨거워서 감히 나의 하나님을 향하여 얼굴을 들지 못하오니 이는 우리 죄악이 많아 정수리에 넘치고 우리 허물이 커서 하늘에 미침이니이다"

에스라 9:6

수치심을 느낄 때 사람의 얼굴은 어떻게 빨개지는 걸까요? 우리 얼굴은 다른 신체부위와 달리 유독 피부층이 얇고 모세혈관이 밀집해있기 때문입니다. 그래서 긴장을 하거나 수치심을 느끼면, 외부의 자극으로부터 자기를 보호하기 위해서 교감신경이 흥분하게 되고, 얼굴로 가는 혈류량이 증가합니다. 그 과정에서 그야말로 '사과 같은 내 얼굴'이 되는 것입니다.

속상하고, 속 쓰리고

수치심의 신체반응이 낯빛이 변하는 걸로 그치면 조금 민망하면 그만일 텐데, 별 일 아닌 듯 했던 이 현상 때문에 우리 몸은 적잖은 타격을 받습니다. 우리가 수치심을 느낄 때 몸의 열과 혈류가 얼굴 쪽으로 쏠리게 되면, 정작 다른 장기로 골고루 가야할 혈류량이 상대적으로 줄어들게 돼 문제를 일으키기 때문입니다.

처음에는 가벼운 소화불량으로 시작해 위산이 과도하게 분비되는 위산과다 증상이 나타납니다. 이로 인해 위벽이 얇아지면서 위염이 생기기도 하고, 결국에는 위장장애를 일으켜 '먹는 즐거움'을 포기해야 하는 지경에 이르기도 합니다. 뿐만 아니라 속이 쓰리니 수면에도 문제가 생기기 쉽습니다.

동양의학에서도 오행설로 감정과 오장육부를 연결하는데, 위장병을 수치심과 비슷한 '염려'와 연결하기도 합니다. 오랜 동안 수치심을 품고 있으면 신체에 좋지 않은 영향을 끼치게 되는 것입니다.

수치심을 가리지 말고 직면하세요

찰스 다윈Charles Robert Darwin(1809-82) 같은 진화론자도 이런 의미심장한 말을 한 적이 있습니다.

"가장 혹독하면서도 가장 인간적인 모습은 인간의

얼굴이 빨개지는 것이다"

수치심으로 인해 얼굴이 빨개지는 것은 인간이라면 막을 수 없는 가장 인간적인 현상인 것이지요. 그렇다면 어떻게 해야 수치심으로 괴로워지는 것을 극복할 수 있을까요? 제가 생각하기에 방법은 세 가지뿐입니다.

첫째는 감정괴물이 되는 방법입니다. 아예 수치를 못 느끼는 철면피 인간이 되는 겁니다. 뻔뻔해지고 낯짝이 두꺼워지는 겁니다. 수치심도 못 느끼고 괴물 같은 행동을 하면서 누가 뭐라 해도 아무렇지 않은 상태, 즉 소시오패스나 사이코패스 같은 인간이 되는 것입니다. 우리 주변을 보면 간혹 그런 감정괴물이 보입니다. 그런 인간을 보면 어떤가요? 끊임없이 타인을 파괴하면서도 자신은 수치심으로부터 자유로워 자신의 양심과 신체에는 어떤 영향도 주지 않는 이기적인 인간. 괜

마인드 바이블

찾으신가요?

둘째는 도망치는 겁니다. 무화과 잎으로 가리든지 나무 뒤로 숨든지, 수치심을 느낄 때마다 바깥으로는 드러나지 않게 숨거나 회피하는 방법입니다. 이런 사람들은 자신의 위선과 양심의 가책을 그럴듯하게 포장하고 과장합니다. 거짓말을 쉽게 하고, 남에게 잘못을 덮어씌우면서 감추려 합니다.

대부분의 사람들이 이렇게 수치심을 가리는 방법을 선택합니다. 수치심을 느끼면서도 안 그런 척, 괜찮은 척, 아무것도 아닌 척 살아갑니다. 하지만 그 속이 어떨까요? 양심으로 인한 죄책감, 들킬지도 모른다는 두려움에서 자유로울 수 있을까요? 결국 그런 유형의 사람들은 회칠한 무덤처럼 겉만 번지르르해 보일 뿐 속은 썩어가게 될 뿐입니다. 현대인들에게 위장병이 많은 이유는 수치심을 감추려는 문화 때문일 수 있습니다.

셋째는 수치심의 본래 목적을 알고 그 목적에 맞게 대처하는 방법입니다. 왜 인간만 얼굴이 빨개지겠습니까? 인간은 하나님의 형상으로 만들어졌기 때문입니다. 자기가 하나님의 형상으로부터 멀어지는 자의식을 가지게 되었을 때, '아, 지금 내가 내 모습을 잃어버렸구나.' 하며 다시 한 번 양심 앞에 바로 서려고 하고, 하나님의 형상에 맞게 살고자 스스로를 채찍질하는 사람이 되는 것입니다. 하나님 앞에 당당하지 못한 자신을 발견하고 자신의 본래 형상을 회복하기 위해 기도하는 것입니다. 이렇게 하면 우리의 허물은 스스로에 의해서가 아니라 하나님에 의해서 가려집니다.

오늘날 우리 시대에 어떤 인간형으로 살아가는 게 가장 편리할까요? 감정괴물이 되는 것, 수치심을 가려버리는 방법이 쉬운 선택이긴 합니다. 하지만 쉬운 게 능사는 아니겠지요.

우리가 수치심을 다루는 가장 지혜로운 선택은 바

마인드 바이블

로 세 번째 방법입니다. 수치심을 느끼되, 그 수치심을
직면하고, 양심 앞에 떳떳하게 살고자 하는 것입니다.
그 길은 분명 어렵습니다. 그렇지만 수치심으로부터
진정 자유로울 수 있는 유일한 십자가의 길입니다.

6장

분노, 마음의 적색신호

어느날 아침에 병원으로 출근을 하는데 병원 인근에서 택시기사와 승객이 심각하게 다투고 있었습니다. 두 사람은 마치 분노의 욕퍼레이드를 벌이는 것처럼 서로 한마디도 지지 않고 열을 올리고 있었습니다. 그야말로 막상막하. 그런데 잠시 후 희한한 일이 벌어졌습니다. 우연히 현장을 목격한 다른 택시기사 분들이 하나 둘 차에서 내려 등장한 것입니다. 삼삼오오 모여든 택시기사들은 자연스레 기사님 편에 섰고, 그러자 전혀 분노를 누그러뜨릴 것 같지 않던 승객의 입에서 욕이 멈추는 것이었습니다. 그 모습은 마치 꼬랑지를 내리는 강아지처럼 기가 죽은 듯 보였습니다. 동료 기사님들이 별 말을 건네지도 않았는데 말입니다.

참 우스운 일입니다. 자신이 처한 상황과 분위기가 달라지자 방금 전까지 무섭게 뿜어대던 분노의 말과 표정은 사라지고, 두려움이 얼굴에 고스란히 드러났습니다. 만일 분노의 원인이 상대방, 그러니까 자신과 싸움이 붙은 택시기사였다면 상황이 어떻게 바뀌어도 끝까지 분노해야 마땅합니다. 그런데 막상 자신이 열세에 몰리자 승객의 감정은 극한 분노에서 두려움으로 한순간 바뀌어버렸습니다.

분노는 이처럼 상대에 따라, 상황에 따라 얼마든지 다른 감정으로 변할 수 있습니다. 즉 분노의 원인은 상대가 아니라 내 안에 있다는 것을 말해주는 것입니다. 승객이든 택시기사이든 두 사람은 각자가 가지고 있었던 내면의 문제를 상대방으로부터 지적받았기 때문에 불같이 화를 내었던 것입니다.

I.
일상의 분노,
어디에서 오는 것일까

"길 가에서 한 무화과나무를 보시고 그리로 가사 잎
사귀 밖에 아무 것도 찾지 못하시고 나무에게 이르
시되 이제부터 영원토록 네가 열매를 맺지 못하리
라 하시니 무화과나무가 곧 마른지라"

마태복음 21:19

누군가 저한테 "멸치 대가리같이 삐쩍 마른 인간
아—"라고 한다면 제가 분노할까요, 분노하지 않을까
요? 장담컨대, 전혀 분노가 일어나지 않습니다. 아무리
생각해봐도 저는 멸치 대가리같이 마른 인간이 아니기
때문입니다. 이 때 분노하게 되는 사람은 아마도 삐쩍

마른 것에 콤플렉스를 느끼는 사람일 것입니다.

어떤 말에 분노한다는 것은 그 말이 맞다는 것을 반증하는 행동입니다. 내가 문제로 인식하고 있었던 것, 내가 진짜로 문제라고 느끼고 있던 것을 상대를 통해 지적받았을 때 우리는 분노하게 됩니다. 그러니까 분노의 진짜 원인은, 상대가 아니라 '내 안에 존재하는 문제'인 것입니다.

"여호와께서 가인에게 이르시되 네가 분하여 함은 어찌 됨이며 안색이 변함은 어찌 됨이냐"

창세기 4:6

창세기 4장에 등장하는 가인과 아벨의 이야기는 누구나 한번쯤 들어봤을 법한 유명한 말씀입니다. 하나님께서 동생 아벨의 제사는 받으시고 형인 자신의 제사는 받지 않으셨다는 이유로 가인이 분노를 하였을 때, 하나님이 그에게 이렇게 물으십니다. "네가 분노하

　　　　　　　　　　　　마인드 바이블

는 이유가 무엇이냐? 네가 선을 행하지 아니하면 죄가 문에 엎드리느니라."

하나님 말씀인즉, 가인의 분노의 원인은 아벨도 아니고, 제사가 받아들여지지 않은 것도 아니라는 겁니다. 그 원인은 '가인 안에 엎드려 있던 죄'였습니다.

우리는 보통 분노를 느낄 때 "너 때문에 화가 났다"거나 "네가 내 말을 무시해서 화가 났다"며 외부에서 원인을 찾게 마련입니다. 그러나 분노는 누구 때문에 일어나는 감정이 아닙니다. 사실은 '내 안에 가지고 있던 해결되지 않은 문제가 있음'을 드러내 주는 감정입니다. 다시 말해 내 속에 해결되어야 하는 문제가 있는데, 그 문제가 아직 해결되지 않았음을 알려주는 것이 분노라는 것입니다.

예수님이 분노하신 그 순간

우리는 예수님이 분노하셨던 순간들을 상기해 볼 필요가 있습니다. 바리새인들이 예수님을 조롱할 때에 예수님은 분노하지 않으셨습니다. 모욕적으로 예수님의 뺨을 때리고 채찍질을 해대고, '당신이 하나님의 아들이거든 십자가에서 내려와 보라'고 온갖 멸시를 받으셨음에도 예수님은 분노하지 않으셨습니다. 보통의 인간들 같았으면 당연히 분노할 수밖에 없는 이런 상황에서 예수님은 전혀 분노하지 않으셨던 것입니다.

왜 그랬을까요? 자신을 상대로 한 바리새인들의 문제제기, 로마 병정들이 퍼부은 조롱의 말들은 어느 것하나 예수님과 상관이 없는 것들이었기 때문입니다. 그들의 말은 예수님이 생각하고 있는 '진짜 문제'가 아니었습니다.

반대로 예수님께서 언제 분노하셨나요? 성전에서

마인드 바이블

돈을 바꾸고 장사를 하는 사람들을 보셨을 때입니다. 하나님의 거룩한 집을 강도의 소굴로 만들어 버린 인간들을 보셨을 때입니다. 또한 그토록 많은 기적을 보이시고, 그토록 많은 이들에게 진리의 말씀을 전해 주셨음에도 조금도 회개할 줄 모르는 피조물들을 보셨을 때 분노하셨습니다.

> "길 가에서 한 무화과나무를 보시고 그리로 가사 잎사귀 밖에 아무 것도 찾지 못하시고 나무에게 이르시되 이제부터 영원토록 네가 열매를 맺지 못하리라 하시니 무화과나무가 곧 마른지라"
>
> 마태복음 21:19

혹자는 예수님께서 열매가 없는 무화과나무를 보시고 분노하시며 저주하신 마태복음 21장을 보고 "예수님은 성격도 괴팍하시지, 왜 죄 없는 나무를 저주하신담?" 할지도 모르겠습니다. 그러나 예수님께서 무화

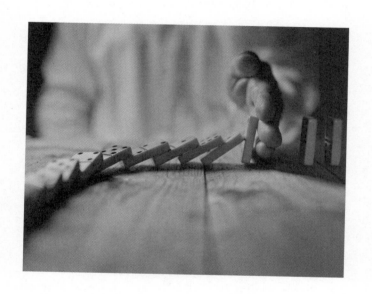

과나무를 보고 분노하신 데에는 분명한 이유가 있습니다. 무화과나무로 상징되는 이스라엘이 도무지 아무런 열매를 맺지 못하고 있음을 한탄하시고자 보여주신 상징적 행동이었던 것입니다.

예수님이 분노하시는 순간은 바로 예수님이 생각하고 계신 문제와 벌어진 현실이 일치하는 순간이었습니다. 예수님이 해결하시고자하는 문제를 직면했기 때문입니다. 이렇듯 분노의 원인은 상대가 아닌 '내 안'에 있습니다. 내 안의 해결해야할 문제가 드러났을 때 우리는 분노하게 되는 것입니다.

마음속에 빨간불이 켜지면 잠깐 멈추세요

분노는 신호등입니다. 그것도 빨간불이 켜진 신호등입니다. 분노라는 불이 들어오면 "지금 건너가지 마. 지금 행동하지 마. 네가 오랫동안 해결하지 않은 문제를 지적하고 있는 거잖아. 네 문제를 해결하는 것이 우선이야" 라고 말하는 것입니다.

우리는 분노를 통해서 지혜를 볼 수 있어야 합니다. 예수님의 분노처럼 정당한 분노이든, 가인처럼 정당하지 않은 분노이든, 분노의 본질은 오직 하나입니다.

내 안에 분노가 일어난다는 것은 내가 가지고 있는 문제를 상대가 정확히 자극하였기 때문입니다. 즉, 분노한다는 것은 내 안에 문제가 있다는 '신호'인 것입니다. 그것도 잠깐 멈추고 내 안에 문제를 직면하라고 하는 빨간 신호인 것입니다.

분노를 폭발한다고 해서 내 안의 문제가 해결되지는 않습니다. 오히려 분노한 상태에서 한 말과 행동이 크나큰 후회를 부르기도 합니다. 분노의 감정이 물밀듯 몰려오나요? 그렇다면 내 안에 해결해야 할 문제를 직면할 때입니다. 잠시 하려던 것을 멈추고 분노의 메시지에 집중하십시오. 분노가 일어나는 그 순간만큼은 아무것도 하지 않는 것이 최선입니다.

마인드 바이블

2.
'활성산소'는
분노를 좋아해요

"분을 내어도 죄를 짓지 말며 해가 지도록 분을 품
지 말고 마귀에게 틈을 주지 말라"

에베소서 4:26-27

모든 감정은 하나님의 메시지입니다. 감정을 잘 묵
상하면 그 감정을 통해서 말씀하시는 하나님의 음성을
들을 수 있습니다. 분노라는 감정을 통해서 내 안의 문
제를 발견하고 해결하면 신기하게도 분노의 감정은 사
라집니다. 분노의 본래 목적을 성취한 순간 불덩이 같
았던 화가 수그러들기 때문입니다.

살다보면 화를 부르는 일이 수두룩합니다. 사소한

말다툼부터 흉악한 범죄에 이르기까지 화 안내고는 못 배기는 게 바로 인간일지도 모르겠습니다. 그런데 '분노'는 우리 몸에도 변화를 불러일으킵니다. 우리가 '분노'라는 감정을 품는 순간 우리 몸이 평소와 다른 특수 모드, 즉 '전투태세'를 취하는 것입니다.

'전투태세'가 켜집니다

분노가 일어나면 우리 몸은 '전투태세'로 바뀝니다. 교감신경계가 흥분하게 되고, 이에 따라 심장과 혈관이 바빠집니다. 그러면 우리 몸에 들어오는 활성산소의 양이 평상시보다 적게는 세 배에서 많게는 수십 배 증가하게 됩니다. 산소는 우리 몸에 꼭 필요한 존재지만, 앞에 '활성'이 붙는 순간 이야기는 달라집니다. 활성산소는 변형된 산소로 생체조직을 공격하고 세포를 손상시키는 못된 산소이기 때문입니다.

사실 우리가 격한 운동을 하거나 음식을 먹을 때에도 활성산소가 생성됩니다. 그런데 이런 경우에는 우리 몸에서 활성산소뿐 아니라 활성산소를 제어하는 방어기제까지 나오기 때문에 우리 몸이 감당해낼 수 있습니다. 하지만 분노할 때 나오는 활성산소는 다릅니다. 방어기제 없이 무방비상태로 생성되기 때문입니다.

분노로 인해 생성된 활성산소는 우리 몸을 늙게 만듭니다. 산소찌꺼기라고도 할 수 있는 이 활성산소는 적당량이 있으면 세균이나 이물질로부터 우리 몸을 지키는 역할을 하지만 너무 많을 경우 몸속의 정상세포까지 무차별하게 공격해 각종 질병을 만드는 주범이 됩니다.

특히 활성산소는 정상세포 속에 담겨있는 DNA의 나선형 구조를 끊어 버리고 핵의 전자 하나를 뺏어옵니다. 이로 인해 DNA의 유전정보가 파괴되고 세포막이 붕괴되면서 정상적인 세포가 가진 구조가 변형되는

데, 활성산소에 공격받은 세포는 본래의 구조가 변형되었기 때문에 암세포 등 비정상적인 세포가 될 가능성이 커집니다. 이렇게 우리 몸의 면역력이 떨어지고 노화가 진행되는 것입니다.

분을 내어도, 분을 품지 말고

"분을 내어도 죄를 짓지 말며 해가 지도록 분을 품지 말고 마귀에게 틈을 주지 말라"

에베소서 4:26-27

살면서 분을 내지 않기란 불가능한 일일지도 모릅니다. 성경에서도 분을 내는 것은 인정하고 있습니다. 그런데 "분을 내어도"라고 한 다음 문장에서 이렇게 이야기합니다. "분을 품지 말고"

분이 나오는 것은 자연스런 현상이지만, 분을 품는

것은 인간의 선택입니다. 선택 중에서도 아주 어리석은 선택입니다. 분을 품는 순간 마귀가 틈을 타는 것처럼, 분을 오래 품고 살 때 우리 몸에는 활성산소가 틈을 타 들어옵니다. 분노라고 하는 감정을 품고 있는 것은 결국 나를 죽음으로 이끄는 독을 끌어안고 사는 것과 다르지 않습니다. 우리가 늙고 병드는 것의 90퍼센트가 활성산소와 연관되어 있다는 사실을 기억해야 합니다.

나를 각성으로 이끄는 감정

하나님의 분노는 그 자체가 말씀입니다. 마찬가지로 우리가 느끼는 분노라는 감정 또한 메시지를 담고 있는 말씀이라 할 수 있습니다.

분노란 내 안에 본질적인 문제가 있다는 것을 알려주는 신호입니다. 다른 사람이 나를 화나게 할 때 나를 화나게 한 사람은 분노의 원인이 아니라 촉진자일 뿐

입니다. 실제로 나를 화나게 한 본질은 내 안의 어떤 문제입니다. 책임은 타인에게 있는 것이 아니라, 내 안에 있습니다.

화가 나는 일들은 있을 수밖에 없습니다. 그러나 우리 안에 일어나는 그 분노들은 우리 자신을 향한 하나의 말씀입니다.

'저 인간 때문에 내가 화가 났으니 어디 두고 보자'는 태도는 가장 어리석은 선택입니다. 그 분노는 상대에게 가기 전에 먼저 자신의 몸을 공격하게 된다는 것을 기억해야 합니다.

'내 안에 화가 일어나네. 저 친구를 통해 내가 모르던 문제가 드러나고 있구나! 이 문제를 기도 제목으로 삼아야지' 라는 각성으로 이끄는 감정이 분노임을 알아야합니다.

지금 여러분 안에 분노가 일어나고 있나요? 그렇다면 그 분노를 통해 해결해야 할 문제들을 찾아내시고 기도하시기 바랍니다.

7장

열등감, 그대의 무기

일상생활에서 불현듯 어떤 감정이 일어날 때, 우리는 그 감정이 전하고자 하는 긍정적인 요구들을 알아차려야 합니다. '왜 이 감정이 나에게 일어날까?', '이 감정이 일어난 의도는 무엇인가?' 하며 자문하는 과정을 통해 감정을 차근차근 공부해보는 것입니다.

　여러분도 익히 아시다시피 '열등감'은 부정적인 감정입니다. 열등감을 느끼면 일단 기분이 매우 언짢아집니다. 내가 초라해 보이기도 합니다. 그러나 이렇게 부정적으로 느껴지는 감정들도 사실은 선한 의도를 가지고 일어나는 감정들입니다. 그 의도를 바로 알아차리면 이 언짢은 감정들을 나를 성장시키는 비장의 무기로 사용할 수 있습니다.

열등감도 무기가 될 수 있을까요? 결론부터 단도직입적으로 말하자면 될 수 있습니다. 그것도 아주 강력한 무기가 될 수 있습니다.

I.
열등감은 괜찮아요,
열등콤플렉스를 조심하세요

"모세가 여호와께 아뢰되 오 주여 나는 본래 말을
잘 하지 못하는 자니이다 주께서 주의 종에게 명령
하신 후에도 역시 그러하니 나는 입이 뻣뻣하고 혀
가 둔한 자니이다"

출애굽기 4:10

열등감은 왜 생길까요? 그 이유는 남과 비교하기
때문입니다.

사람 사는 사회에서 비교하지 않는다는 것은 어쩌
면 불가능한 일일지도 모릅니다. 비교하지 않는 사람
은 아무도 없습니다. 우리는 사람을 만나면 학력, 외모,

연봉을 비교하면서 자괴감에 빠지기도 하고, 조심스럽게 대해야 할지, 막 대해도 될지를 결정합니다. 이러한 비교를 통해 마음속에는 어떤 열등감이 생기곤 하는데, 이 감정은 나쁠 수도, 좋을 수도 있는 복잡한 감정입니다.

남과 비교를 하는 과정에서 우리는 보통 기분이 언짢아지지만, 이 열등감을 통해 스스로 조금 더 나은 사람이 되고자 하는 발전 욕구가 생기기도 합니다. 그렇습니다. 열등감이라는 감정의 의도는 '발전 욕구'인 것입니다.

열등감을 발판 삼아 자신이 꿈꾸는 좀 더 나은 모습으로 발전한다면 문제될 것이 하나도 없습니다. 하지만 문제는 열등감이 아니라 열등 콤플렉스입니다.

'나는 키가 작고 외모가 별로여서 사랑 받지 못 할 거야.' 이건 열등 콤플렉스입니다. 그런데 '나는 외모가 뛰어나지 못하니 기술을 배워 자격증을 따든지 공부를 열심히 해 지식을 많이 가져야겠다.' 한다면 이는 발전의 원동력이 되는 열등감입니다. 열등감을 좋은 무기로 사용한 것입니다. 열등감은 그 감정을 어떻게 처리하느냐에 따라 부정적일 수도 있고 긍정적일 수도 있다는 것입니다.

나는 입이 뻣뻣하고 혀가 둔합니다

모세도 열등감을 가진 인물이었습니다. 그는 스스로 말을 못한다고 생각했습니다.

"모세가 여호와께 아뢰되 오 주여 나는 본래 말을 잘 하지 못하는 자니이다 주께서 주의 종에게 명령하신 후에도 역시 그러하니 나는 입이 뻣뻣하고 혀가 둔한 자니이다"

출애굽기 4:10

이스라엘 백성을 애굽에서 이끌어내라는 하나님의 음성을 들었을 때 모세는 즉시 "예." 하지 않았습니다. 그는 "나는 입이 뻣뻣하고 혀가 둔합니다." 라고 말했습니다.

  이 열등감 때문에 모세는 열 번이나 하나님의 명령을 거절합니다. 열등감 때문에 하나님의 명령에 순종하지 못하는 겁니다.

  따지고 보면, 열등감이 없는 사람은 없습니다. 어떤 심리학자들은 전 세계 인구의 95퍼센트가 열등감을 가지고 있다고 이야기하지만 저는 모든 사람들이 열등감을 가지고 있다고 생각합니다. 그런데 이 세상에 똑같이 생긴 사람이 단 한 명도 없는 것처럼 열등감 또한 천의 얼굴을 가지고 있다는 사실에 주목할 필요가 있습니다.

천의 얼굴로 나타나는 열등감

한 부모가 어린 삼형제를 데리고 동물원에 갔습니다. 험악하게 생긴 고릴라 앞에 선 세 아이들은 저마다 다른 반응을 보였습니다. 첫째는 고릴라를 보더니 울음을 터뜨렸습니다. "엄마 무서워! 나 집에 갈래요."

둘째 아이는 온 몸을 사시나무 떨듯이 덜덜 떨면서도 주먹을 불끈 쥐며 이렇게 말했습니다. "엄마! 나는 하나도 무섭지 않아."

막내 아이는 우리 안에 갇힌 고릴라를 노려보면서 말했습니다. "엄마 저 고릴라 때려줘도 돼요?"

세 아이의 반응은 제각각 다르게 나타났지만 사실 잘 들여다보면 열등감의 다양한 표현일 뿐입니다.

첫째 아이는 열등감이 현실을 회피하는 모습으로 나타났습니다. 둘째 아이의 열등감은 현실을 부정하는 방향으로 나타났습니다. 그리고 셋째 아이는 필요 이

상의 공격성을 보입니다.

세 아이가 고릴라를 마주하는 반응은 각각 달랐습니다. 그렇지만 이 모든 반응은 자신들보다 힘이 세 보이는 대상, 고릴라에 대한 열등감을 표현한 것이었다는 데 공통점이 있습니다.

제가 아는 지인 중에는 분야를 넘나드는 다양한 자격증을 가진 분이 있습니다. 열 개가 넘는 자격증이 있으면서도 그는 계속해서 자격증을 취득하기 위해 애썼습니다. 한번은 제가 "그 자격증들로 돈을 버는 것도 아닌데 뭐 하러 자격증을 그렇게 열심히 따시는 거죠?"라고 물어본 적이 있습니다.

멋쩍은 미소와 함께 그는 "오형제 중에 저만 대학을 나오지 못했습니다." 라고 대답했습니다. 그리고는 더 이상 그도, 저도 아무 말이 없었습니다.

그 분은 형제들 중 유일하게 자기만 대학을 나오지 못했다는 사실에 열등감을 가지고 살아왔습니다. 동생들을 뒷바라지하느라 그랬는지, 공부를 열심히 하지 않아 그랬는지 그 이유는 그에게 중요하지 않습니다.

'나만 대학을 못 갔다'는 그 사실 한 가지가 평생 열등감의 원인이 되었던 것입니다. 그래서 기회가 닿는 대로 다양한 자격증을 따서 자신의 열등감을 감추고 싶었던 것입니다.

열등감 덕분이지요

평소 성경에 대한 지식과 통찰이 남달라 필자가 존경해온 목사님이 한 분 계십니다. 한번은 조심스럽게 여쭤본 적이 있습니다. "목사님께서는 어떻게 그렇게 성경을 잘 해석하시나요?"

목사님의 답변은 의외였습니다. "열등감 덕분이지요."

그 목사님은 젊은 시절 열등감에 시달렸다고 합니

다. 자신보다 성경을 잘 하는 사람이 천천이요, 자신보다 설교를 잘하는 목사님이 만만이라 자신은 목회자의 자격이 없는 것처럼 느껴진 적도 있다고 합니다.

하지만 목사님은 이런 열등 콤플렉스에 머물러 있지 않았습니다. 성경 해석에 탁월한 목사님이 있으면 그 분의 설교를 되풀이해서 들었고, 강의를 찾아다니며 공부했습니다. 그렇게 더 이상 열등감이 느껴지지 않을 때까지 파고 들었습니다.

이런 노력은 멈추지 않았습니다. 더 이상 열등감이 느껴지지 않을 정도가 되면 더 높은 고수를 찾았다고 합니다. 열등감을 느낄 때마다 더 발전하고 성장하고 싶다는 강한 욕구를 느꼈고 그 욕구에 건강하게 반응했습니다. 즉 자신의 열등감을 강력한 무기로 활용했던 것입니다.

열등감 때문에 괴로워 할 필요가 없습니다. 열등감을 느낀다는 것은 '내가 더 성장하고 싶다'는 욕구가 있다는 뜻이기 때문입니다. 하나님은 인간을 무기력하게 창조하지 않으셨습니다. 생육하고 번성하라 명령하셨습니다. 우리가 그저 주어진 현실에 안주하며 살기를 원치 않으십니다. 당당히 자리에서 일어나 세상 속으로 걸어가며 하나님 나라를 확장하기를 원하십니다. 그럴 때 무엇보다 우리에게 필요한 것이 바로 열등감입니다. 열등감, 그것은 어쩌면 더 나아진, 더 성장한 나를 만나고 싶어 하는 내 안의 열망인 것입니다.

열등감을 느끼시나요? 쿨-하게 인정하십시오.

여러분에게 열등감을 느끼게 하는 사람이 있나요? 그렇다면 그에게 고맙다고 하십시오.

"당신 덕분에 내가 조금 더 성장했어"라고 웃으며 말하시면 됩니다. 여러분이 느끼는 열등감이 곧 여러분의 무기가 될 것입니다.

마인드 바이블

2.
'아밀라아제'가 뿜어져 나오면
췌장은 지쳐가요

"그는 뜻이 일정하시니 누가 능히 돌이키랴 그의 마음에 하고자 하시는 것이면 그것을 행하시나니"

욥기 23:13

다시 출애굽기의 모세 이야기를 해보겠습니다.

모세는 열등감이 많은 사람 같습니다. 이스라엘 백성을 애굽에서 이끌어내라는 하나님의 명령에 모세는 "나는 본래 말을 잘 하지 못합니다. 입이 뻣뻣하고 혀가 둔합니다"라고 대답합니다.

세상에, 이스라엘 백성을 출애굽 시키고 성경에서 율법으로 대표되는 인물이 이 정도라면 우리는 대체 어떻게 하라는 건가요?

전 세계에 열등감을 조금도 가지지 않은 사람은 단언컨대 없습니다. 그런데 문제는 이런 열등감이 몸에 영향을 끼친다는 것입니다. 우리가 느끼는 다양한 감정들은 앞서 말씀드린바와 같이 신체에 영향을 끼칩니다.

부유할수록 건강할까요?

영국의 사회 역학자 리처드 윌킨슨Richard Wilkinson 교수는 자신의 저서 『평등이 답이다』(2012)라는 책을 통해 '사회적인 불평등이 열등감을 불러일으키고, 그 열등감으로 인해 경제수준과 기대수명, 삶의 수준이 달라진다'고 말했습니다. 실제로 미국 내에서 경제적으로 잘 사는 지역과 가난한 지역을 비교해보니 기대수명이 약 16년 정도 차이가 났다고 합니다. 이 결과는 삶의 질

마인드 바이블

과 건강 수준 사이에 무언가 유의미한 관련이 있다는 증거입니다.

그렇다면 경제적으로 잘 사는 사람들의 기대수명이 무조건 높은 것일까요? 그렇지도 않습니다. 경제적으로 더 잘 사는 미국과 우리나라의 기대수명을 비교해보면 미국의 기대수명은 80세가 되지 않는 반면, 우리나라의 기대수명은 약 82세로 미국보다 높습니다. 왜 경제적으로 더 잘 사는 미국의 기대수명이 우리보다 낮은 것일까요?

유엔이 발표한 2018년 세계 인구현황 보고서에 따르면, 세계 최고의 강대국으로 불리는 미국의 기대수명은 약 78세로 전 세계에서 48위에 그쳤습니다. 그런데 미국보다 GDP가 훨씬 낮은 그리스는 약 80세로 기대수명이 더 높습니다. 그 외에도 슬로베니아, 이스라엘, 노르웨이 등 무려 47개 국가가 미국보다 높은 기대수명을 나타냈습니다.

결국 경제적으로 부유하다고 더 건강한 것은 아니라는 것입니다. 예컨대 미국의 할렘가의 경우 전 세계에서 가장 못 사는 나라라 평가되는 방글라데시보다 조기 사망률이 훨씬 더 높다고 합니다.

간단히 정리하자면, 경제적으로 가난한 나라보다 불평등이 심화된 나라일수록 계층 간 기대수명에서 큰 차이가 나게 된다는 것입니다. 한 국가 내의 불평등이 건강과 수명에 지대한 영향을 주고 있다고 할 수 있습니다.

열등감을 느낄 때, 침샘에서 벌어지는 일

우리나라도 경제규모가 크고 선진국 대열에 설만큼 잘 사는 국가입니다. 그러나 경제가 성장하고 잘 살게 되더라도 불평등이 심화되면 오히려 건강 수준이 더 낮아질 수 있습니다.

여기 흥미로운 연구 결과가 하나 있습니다. 불평등으로 인해 열등감을 느끼는 사람들의 경우 정상적인 사람과 침의 성분이 다르다는 사실이 발견된 것입니다. 이것은 열등감이 신체의 중요한 장기에 영향을 준다는 것을 의학적으로 증명할 수 있는 근거가 됩니다.

열등감을 느끼는 이들의 침샘에서는 스트레스 호르몬인 '코티솔'이 다량 발견되고, '알파 아밀라아제' 성분도 눈에 띄게 많이 검출된다고 합니다.

우리는 보통 췌장의 건강 상태를 측정하기 위해 혈액 내 아밀라아제 성분의 수치를 측정합니다. 이때 알파 아밀라아제 성분이 많다면 췌장 세포가 손상되었다는 지표입니다. 아밀라아제 성분이 혈관을 통해 이동하며 췌도를 손상시키기 때문입니다.

그렇다면 어떤 경우에 우리 몸의 췌장 세포가 공격을 받을까요? 식사 후에 우리 몸이 거치는 과정을 생각해봅시다. 우리가 음식을 먹으면 음식물이 위장으로 들어옵니다. 이 음식물은 위에서 산성화를 거친 후 십이지장으로 넘어가게 됩니다. 이 때 췌장에서 췌장액과 아밀라아제가 분비되어 음식물을 중성화시키는 작업이 이루어집니다.

그런데 알코올을 섭취하거나 과식을 했을 경우, 우리 몸은 음식물의 빠른 이동을 위해 아밀라아제를 평소보다 더 많이 분비하게 됩니다. 무리한 작용은 해를 부르는 법. 이런 경우 다량 분비된 아밀라아제로 인해 췌도 등의 췌장 세포에 문제가 생기게 되고, 이 성분은 다시 혈관을 타고 입에서까지 분비되게 됩니다.

이 설명이 도식적으로 완전히 맞아 떨어진다고 단정할 수는 없습니다. 다만 불평등으로 인해 느끼는 열등감은 일차적으로 우리에게 보상심리와 욕구불만을 일으키고, 이에 대한 반응으로 과도한 음주와 과식에 노출되기 쉽습니다. 그 결과 위장과 췌장 간 균형이 깨져 아밀라아제가 과다 분비되는 생리적 결과로 이어질 수 있다는 겁니다.

세상의 본질은 '불평등'입니다

앞서 말씀드린 바와 같이 열등감이 없는 사람은 없습니다. 열등감을 느낀다는 사실이 잘못된 것도 아닙니다. 인간이라면 모두 열등감을 가질 수밖에 없습니다.

다만 열등감을 받아들이는 태도는 제각각입니다. 누구는 콤플렉스로 받아들이고, 어떤 사람은 성장의 자극제로 삼습니다. 열등감을 느낄 수밖에 없는 불평등한 사회 속에서 살아가지만, 열등감으로 자기를 파괴하느냐, 열등감으로 자기를 지키느냐는 온전히 개인에게 달려있는 것입니다. 이것이 바로 열등감의 메시지입니다.

하지만 안타깝게도 대부분의 사람들은 열등감을 콤플렉스로 연결합니다. 그렇게 받아들이는 열등감은 거식증, 폭식, 알코올중독 같은 자기 파괴를 낳습니다.

우리가 사는 세상에서 불평등은 불가피합니다. 심

지어 천국에도 불평등이 존재합니다. 성경 어디를 보아도 천국이 평등하다고 하는 이야기는 없습니다. 큰 자가 있고 작은 자가 있다고 말할 뿐입니다.

그렇다면 태어나는 순간, 즉 불평등한 세상의 때가 묻지 않은 상태에서는 우리가 모두 평등할까요? 그렇지 않습니다.

어떤 아이는 뛰어난 유전자를 갖고 태어나지만 그렇지 못한 아이도 있습니다. 질병이나 장애를 가지고 태어나는 아이도 있습니다. 인간이 잉태되는 순간부터 세상은 결코 평등하지 않은 것입니다.

평등이란, 인본주의적 사고에서 나오는 이데올로기입니다. 인간이 만들어 놓은 '평등'에 대한 이미지, 그리고 그 허상의 이미지에 자신을 끼워 맞추려 하는 강박관념 때문에 우리는 괴로움을 느낍니다.

"그는 뜻이 일정하시니 누가 능히 돌이키랴 그의 마
음에 하고자 하시는 것이면 그것을 행하시나니"

욥기 23:13

　욥기를 보면 욥이 자신이 처한 운명을 한탄하는 내
용이 대부분을 차지합니다. 그러다 하나님께서 주신
이 운명을 어떻게 돌이키고 거역할 수가 없음을 인정
합니다. 이렇게 세상의 본질은 '불평등'이고, 이런 운명
은 하나님이 뜻이자 창조주의 의지이니 어찌할 도리가
없는 것입니다.

　물론 지금 우리 사회는 이런 태생적 불평등 때문에
억울함을 느끼는 계층이 생기지 않도록, 그리고 더 평
등한 사회로 만들기 위해 곳곳에서 노력하고 있고, 앞
으로도 계속 노력해야 합니다. 하지만 지금 당장 이 불
평등한 세상 속에서 우리는 어떤 선택을 하며 살아야
할까요? 일단 불평등을 받아들이는 것입니다.

　나의 열등감을 인정하고, 나를 성장시키는 힘으로

　　　　　　　　　　　　마인드 바이블

이끄는 것이 지혜입니다. 이미 주어진 불평등을 인정하고 불평등에서 오는 열등감을 자신의 성장의 동력으로 삼는 것. 열등감을 사용하는 가장 좋은 방법입니다.

8장

두려움, 사랑의 다른 이름

타임지에서 선정한 '20세기 100명의 사상가들' 중에 '엘리자베스 퀴블러 로스Elizabeth Kubler Ross' 라는 세계 호스피스 운동의 창시자가 있습니다. 그는 스위스 출신의 미국 정신과 의사였는데, 그가 일평생 임종을 앞둔 환자들을 상담하면서 깊이 깨달은 것이 있다고 합니다.

죽음을 코앞에 둔 이들이 마지막 순간까지 내려놓지 못하는 두개의 감정이 있다는 것입니다. 그 감정이 무엇일까요?

I.
두려움과 사랑은
하나입니다

"예수께서 이르시되 어찌하여 무서워하느냐 믿음이
작은 자들아 하시고 곧 일어나사 바람과 바다를 꾸
짖으시니 아주 잔잔하게 되거늘"

마태복음 8:26

앞서 언급한 호스피스 운동의 거장 엘리자베스 퀴
블러 로스는 죽음을 앞둔 환자들을 오랜 동안 상담하
면서 이들이 마지막 순간까지 내려놓지 못하는 두 개
의 감정이 있다고 이야기합니다.

시기심이나 질투심은 죽음 앞에서 힘을 잃어버립
니다. 누군가를 원망하는 감정도 죽음 앞에서는 맥을

추리지 못합니다. 하지만 끝까지 포기되지 않는 감정, 그것은 '사랑과 두려움'이었다고 그는 말합니다.

죽음을 앞둔 상황에서 죽음 자체에 대한 '두려움'을 느끼는 사람이 있는가 하면, 죽음을 받아들이면서도 가족에 대한 사랑만은 여전하더라는 것입니다.

이렇게 사랑과 두려움은 죽음이라는 인간 종말의 순간까지 함께 가는 감정입니다.

누구나 스스로를 사랑합니다

살아가면서 우리는 숱한 선택들을 하게 됩니다. 한 연구에 따르면 우리는 하루에만 무려 150번의 선택을 한다고 합니다. 그런데 무엇인가를 선택할 때 선택의 동기가 되는 것이 다름 아닌 사랑과 두려움입니다.

'~을 하고 싶다'는 욕구의 동기는 사랑이라고 할 수 있습니다. 반면 '~을 하지 않으면 안 된다'는 생각으로

232

어떤 선택을 한다면 그것은 두려움이 동기가 된 것입니다. 예를 들어보면 조금 더 분명해집니다. '열심히 공부해서 내 꿈을 이룰 거야'는 사랑의 감정이 동기가 된 것이며, '열심히 공부하지 않으면 대학에 가지 못 할 거'라는 생각으로 공부를 했다면 그 동기는 두려움이라는 겁니다.

어쩌면 두려움과 가장 유사한 말이 사랑일지도 모릅니다. 우리는 누구나 자신을 사랑합니다. 설령 자신이 싫다고 말하는 사람도 사실은 스스로를 사랑하고 있습니다. 우리는 자신을 사랑하기 때문에 스스로를 보존하고 싶어 합니다. 음식을 먹고, 잠을 자고, 옷을 입고, 누군가를 만나며 이 세상을 살아갑니다.

동시에 인간은 자신이 상실되고 소멸될 것에 대한 두려움을 느낍니다. 자기 소멸에 대한 두려움은 곧 자기 사랑의 다른 말입니다. 자기 소멸을 두려워하는 감정은 곧 자기를 보존하고 싶은 사랑과 동일합니다. 두려움이 곧 사랑이고, 사랑이 곧 두려움인 것입니다.

두려움을 수치화할 수 있을까요?

몇 년 전에 저는 지방으로 휴가를 떠난 일이 있었습니다. 아주 외딴 시골 마을이었는데, 그 시골길을 혼자 걷는 것이 큰 즐거움이었습니다. 평화로운 휴가를 보내던 어느 날 한참을 걷고 있는데 길 한편에 사나운 개들이 묶여 있는 철망이 보였습니다. 조금 걱정이 되었지만 '그래도 철망이 있으니까 안전하겠지' 하고 그 앞을 지나갔습니다.

그런데 문제는 다시 돌아올 때 일어났습니다. 발걸음을 돌려 숙소로 돌아오는 길에 조금 전에 보았던 철망이 보이는 지점에 다다랐을 때였습니다. 저와 200미터 남짓의 거리를 두고, 줄에 묶여있지 않은 큰 덩치의 검은 개 한 마리가 철망 밖에 우뚝 서 있는 것이었습니

다. 그 큰 개가 제가 걸어오고 있는 쪽을 스윽 쳐다보
는데, 살기가 느껴질 만큼 오싹해지는 느낌이 들었습
니다. 순간 제 머리 속에선 오만가지 생각이 일어났습
니다.

'너석이 200미터를 달려오는 데에는 불과 십초도
걸리지 않을 거야. 그 십초 동안 내가 무엇을 해야 할
까? 그냥 지나가야 할까? 오던 길을 되돌아갈까? 그건
아니지, 내가 등을 보이면 달려와서 물 지도 몰라.'

저는 본능적으로 주변을 뒤지기 시작했습니다. 순
간 제 눈에 나무토막이 들어왔습니다. 그 나무토막을
손에 쥐고 '여차 하면 이거라도 들고 싸워야겠다'는 다
짐을 했지만, 여전히 그거 가지고는 어림없다는 생각
에 두려움은 더 커져가고 있었습니다. 그렇게 앞으로
가지도 못하고, 등을 돌리지도 못한 상황에서, 개와 저
는 200미터의 거리를 사이에 두고 서로를 경계하고 있
었습니다.

그때 마침 그 길을 지나가는 차가 있었습니다. 하나

님, 감사합니다! 저는 체면이고 뭐고 간에 손을 흔들어 대기 시작했습니다. 다행히도 저의 간절한 손짓에 그 차는 멈춰주었고, 저는 다급하게 보조석에 탄 뒤 당시 긴급한 상황을 설명해 주었습니다.

"저 앞에 개가 있어서 지나갈 수가 없습니다. 요 밑에 제 숙소가 있는데, 거기까지만 태워주시면 안되겠습니까?"

운전하시는 분의 호의 덕에 저는 차를 얻어 탈 수 있었고, 차창 밖으로 그 험악해보이던 개를 바라보며 여유롭게 그 자리를 지나갈 수 있었습니다. 불과 1분여 전에 느꼈던 극한의 두려움은 말끔히 사라지고 더 이상 제 안에는 아무런 두려움도 일어나지 않았습니다.

그 때 오래전에 읽었던 책의 내용이 문득 떠올랐습니다. 두려움의 감정을 수치로 표현해 낸 재미있는 내용이었는데, 저는 어렴풋이 잠시 전에 느꼈던 제 두려움의 감정을 수치로 생각해 보았습니다.

차에 타기 전 제가 느꼈던 두려움을 수치로 표현한다면 아마 '10,000'은 족히 되었을 것입니다. 만일 운 좋게 몸을 숨길만한 곳을 발견했다면 두려움의 수치는 '5,000'정도로 내려갔을 것입니다. 그리고 위험천만한 순간을 대비해서 녀석을 잠시 잠재울 만한 마취총이 내 손안에 있었다면 아마 두려움의 수치는 '1,000'정도로 조금 더 낮아졌을 것입니다. 같은 맥락에서 녀석이 더 이상 나를 공격할 수 없는 차 안에 들어와 있는 순간, 두려움의 수치는 '1'도 되지 않았습니다. 두려움이 제로가 된 것입니다. 이 경험을 통해 저는 두려움에 대해 깊이 생각해보게 되었습니다.

하나님, 제가 당신을 의지합니다

그렇다면 두려움의 감정이 우리에게 전하고 있는 메시지는 무엇일까요?

"예수께서 이르시되 어찌하여 무서워하느냐 믿음이 작은 자들아 하시고 곧 일어나사 바람과 바다를 꾸짖으시니 아주 잔잔하게 되거늘"

마태복음 8:26

마태복음 8장에서는 제자들과 예수님이 배를 타고 가다가 풍랑을 만나는 장면이 소개됩니다. 풍랑을 만난 제자들은 두려워합니다. 자신들이 죽게 될까봐 두려워하는 것입니다. 그런데 예수님은 "왜 두려워하느냐 믿음이 적은 자들아"라고 말씀하십니다. 제자들과 예수님의 해석이 엇갈린 것입니다. 풍랑을 만난 제자들은 죽을까봐 두렵다고 말하는데, 예수님은 믿음이 없기 때문에 두려운 것이라고 대답하시는 것입니다. 죽을까봐 두려운 것일까요? 믿음이 없어서 두려운 것일까요?

두려움의 감정은 '내가 의지할 만한 것이 있는가, 없는가?'와 연결되어 있습니다. 두려움이라는 감정이 우리에게 의도하는 것이 바로 이것입니다. '내가 의지할 만한 무언가가 있는가?' 의지할 만한 것이 있다면 사랑을 느끼지만, 의지할 만한 것이 없으면 두려움에 떨게 되는 것입니다.

히브리어에 '야레'라는 단어가 있습니다. '두려움'을 뜻하는 단어입니다. 그런데 이 단어에는 '경외하다'라는 뜻도 있습니다. 두려움과 경외, 즉 하나님을 의지하는 것을 한 단어로 표현한 것입니다. 영어 단어 'Fear'에도 '두려움'과 '경외'라는 의미가 함께 묶여 있습니다. 두려움이 전하는 메시지가 바로 이것입니다. 바로 내가 의지할만한 것을 찾아내라는 명령입니다.

우리가 생의 마지막 순간, 죽음 앞에 서면 두려움과 사랑의 감정을 느낀다고 했습니다. 두려움과 사랑은 하나입니다.

우리에게 두려움이 찾아오는 순간, "하나님 제가

이제 당신께로 돌아갑니다. 당신을 의지합니다. 제 영혼을 받아 주십시오" 하며 의지할 만한 것을 붙들 수 있다면, 우리는 두려움의 메세지를 잘 받아들인 것입니다.

당신이 삶의 마지막 순간에 영원히 의지할 대상에게로 가는 평안함을 누릴 수 있기를. 그리고 사는 동안 가장 든든하고, 영원히 변하지 않으며, 당신이 손만 내민다면 기꺼이 잡아주실, 창조주 하나님을 의지할 수 있기를. 그래서 두려움에 떨지 않기를.

2.
'신진대사'를 위해
두려움을 조율하세요

"사랑 안에 두려움이 없고 온전한 사랑이 두려움을
내쫓나니 두려움에는 형벌이 있음이라 두려워하는
자는 사랑 안에서 온전히 이루지 못하였느니라"

요한일서 4:18

간혹 TV 예능프로그램에서 여름 특집으로 한밤중
에 폐가를 찾아 간다거나, 게임 벌칙으로 번지점프, 패
러글라이딩 등 극한 체험을 하는 경우를 보게 됩니다.
그럴 때 벌칙에 당첨된 연예인들의 얼굴을 한 마디로
묘사하자면 아마도 '창백하다'는 표현이 가장 적절할
것입니다.

그렇습니다. 인간이 두려움 앞에 서면 낯빛이 하얗게 질려버립니다. 왜 이런 현상이 생기는 걸까요? 두려움이 인간의 건강에 어떤 해를 끼치는지 알아보도록 하겠습니다.

두려울 때 가동되는 '생명유지모드'

우리가 두려움을 느끼면 가장 먼저 얼굴이 창백해집니다. 얼굴이 창백해진다는 것은 얼굴 쪽으로 가는 혈액의 양이 줄어들었다는 것을 의미합니다. 모세혈관이 수축되어 혈액을 막아 버리기 때문에 나타나는 현상입니다. 그렇다면 혈관 수축으로 인해 막힌 피는 어떻게 될까요? 진로가 차단된 혈액은 주요 장기들과 뇌쪽으로 몰리게 됩니다. 두려움을 느끼는 순간, 우리 몸은 가장 먼저 '생명유지모드'를 작동시켜 신체에서 가장 중요한 뇌와 장기들로 혈액을 집중시키기 때문에

마인드 바이블

얼굴이 창백해지는 것입니다.

이러한 과정을 통해 뇌와 주요 장기들은 일종의 긴장 상태를 조성하게 되는데, 그 결과 우리 몸에는 신진대사의 혼란이 발생합니다. 손에서 땀이 나는가 하면, 몸은 추운데 식은땀이 등줄기를 타고 흐르는 등 부조화 현상이 발생합니다. 이는 곧 두려움의 감정이 신진대사와 에너지 조절 장치에 혼돈을 일으켰다는 뜻입니다.

또 두려울 때 머리털이 쭈뼛쭈뼛 서는 느낌을 받기도 합니다. 고양이가 털을 곧추세워 주변의 자극을 감지하는 것처럼, 몸의 털끝이 일어나 우리 몸의 감지 센서가 총동원 됩니다. 두려워서 털이 선다는 것은 우리 몸이 생명의 위기를 느껴 극도로 예민해졌다는 뜻입니다.

이처럼 두려움을 품고 있으면 몸은 '극도로 예민한 생존모드'가 됩니다. 우리 몸의 에너지가 생명을 풍요롭게 하는 데에 쓰이지 않고, 당장에 생명을 유지하기 위해 과도하게 낭비되는 것입니다. 이 현상은 깨진 독

에 물을 붓는 것과 같아서 이러한 극도의 생존모드가 지속되면 우리 몸의 에너지는 쉽게 방전되고 맙니다.

자동차에 라이트를 켜두고 시동을 끄면 배터리가 방전되는 것과 같이 두려움으로 인해 우리 몸에 '생명유지모드'가 24시간 가동되면, 쉬어야 할 때 제대로 쉬지 못하고 애꿎은 에너지만 소모하게 되는 것입니다.

그래서 두려움을 간직하고 사는 사람들은 일을 할 때도 에너지가 없을 뿐 아니라, 일을 하지 않아도 힘이 없다고 합니다. 작은 일 앞에서도 힘겨워하고 매사에 의욕이 없습니다. 그도 그럴 것이, 몸이 에너지를 이미 '생명유지모드'에 탈탈 털어 쓰고 있기 때문입니다.

경계하고 조바심내고 예민해지다

두려움이 신체에 미치는 영향은 얼굴이 창백해진다거나 털끝이 곤두서는 일시적인 현상에 그치지 않습

니다. 생명유지모드의 과도한 작동으로 에너지를 방전
하는 데에도 멈추지 않습니다. 두려움은 그보다 더 심
한 영향을 동반할 수 있습니다.

영국 런던의 한 대학에서 우범 지역에 거주하는
50~75세의 시민 6,700명을 대상으로 '범죄에 대한 두려
움이 신체에 미치는 영향'에 대해 연구조사를 했습니다.

그 결과 다른 지역 거주자에 비해 우범 지역에 사
는 시민들이 우울증 발생률이 두 배 높으며, 정신질환
에 걸릴 확률이 56퍼센트에 이르는 것으로 나타났습니
다. 그 뿐만 아니라 두려움으로 인해 사회 활동이 축소
되고, 그로인해 삶의 질이 떨어지면서 실제로 그들의
건강 나이가 평균 보다 아홉 살이나 더 높게 나타났다
고 합니다.

이처럼 두려움이라는 감정에 지속적으로 노출되어
살아갈 때, 우리의 몸은 긴장하게 됩니다. 끊임없이 경

마인드 바이블

계하고 조바심을 냅니다. 작은 것에도 예민하게 반응하며 쓸데없이 에너지를 허비합니다. 그리고 더 빠르게 늙어갑니다.

'두려움이라는 감정을 어떻게 이해하고 삶의 동력으로 삼을 것인가?' 그것이 우리에게 주어진 숙제입니다. 생명 유지를 넘어 '풍요로운 생명'을 얻기 위해 꼭 풀어야 할 과제인 것입니다.

사랑이 동기가 되면, 삶이 잔치가 됩니다

우리가 두려움을 극복하기 위해 어떤 마음가짐을 가져야할까요? 두려움과 사랑이 하나의 동일한 감정이라는 것을 이해하는 것이 지혜의 열쇠입니다. 사랑의 다른 이름은 두려움이며, 두려움의 다른 이름은 사랑입니다. 사랑하면 동시에 두려워집니다. 내가 나를 사랑하면 나를 소멸시킬 수 있는 대상들에 대해 두려움을 가지게 됩니다. 우리의 몸이 두려움을 느껴 '생명 유지모드'로 들어가 에너지를 방전하고 있다면 이 또한 자기 자신을 지키기 위한 사랑인 것입니다.

우리의 두려움은 동일한 이름, 사랑으로 전환될 수 있습니다. 두려움을 선택하지 않고, 사랑을 동기로 선택할 수 있습니다. 사랑이 동기가 된 삶은 풍요롭고, 두려움이 동기가 된 삶은 생존의 전쟁터가 됩니다.

"사랑 안에 두려움이 없고 온전한 사랑이 두려움을 내쫓나니 두려움에는 형벌이 있음이라 두려워하는 자는 사랑 안에서 온전히 이루지 못하였느니라"

요한일서 4:18

사랑과 두려움은 동전의 양면이고 궁극적으로 같은 것이지만 무엇을 동기로 삼느냐에 따라 인생의 질이 달라질 수 있습니다. 사랑이 동기가 될 때 우리는 확장됩니다. 삶은 창조적이고, 풍요로워집니다. 자기를 확장하는 지평 안에서 낯선 타인들과 연결됩니다. 그들을 내 풍요로운 삶의 무대로 초대하게 됩니다. 삶이 잔치가 됩니다.

그러나 두려움을 동기로 삼는 삶을 살 때 우리의 몸은 긴장합니다. 경계합니다. 더 빠르게 늙어갑니다. 그들의 삶의 지평은 안으로 움츠러듭니다. 이웃에게로 나아가지도 못하고, 이웃을 자신의 경계 안으로 들어오게 하지도 못합니다.

무엇으로 동기를 삼을 것인가? 우리의 선택입니다. 둘이지만 같은 하나! 두려움의 감정이 아니라, 사랑을 모티브로 하는 것이 지혜입니다. 그래서 하나님은 사랑이신 것입니다.

9장

질투, 당신을 이끄는 힘

여러분에게 질투심을 유발하는 사람이 있나요? 주변에 그런 사람이 있다면 아마 마음이 편치 않을 것입니다. 사촌이 땅을 사면 배가 아프다는 옛말은 하나도 틀린 것이 없습니다. 실제로도 비슷한 경우를 우리는 살면서 종종 겪게 됩니다.

질투란 보통 두 가지 상황에서 일어나곤 합니다. 자신이 좋아하는 사람이 있는데, 그 사람이 다른 사람을 좋아하게 된 경우. 샘이 나고 불쾌한 감정이 일어납니다. 이런 감정을 질투라고 합니다. 또 하나의 경우는 타인이 나보다 잘 되거나, 더 잘났거나, 더 좋은 위치에 올랐을 때입니다. 그 때 우리의 마음에서는 시기심이 일어나고, 미워지고, 깎아내리고 싶은 묘한 심술이 일어납니다.

예를 들어, 여러분이 가까이 지내던 누군가가 강남 초역세권에 집을 샀다는 소식이 들려온다면, 혹은 요즘 뜨고 있다는 숲세권에 별장 같은 전원주택을 지었다는 소식이 들려온다면, 아마 방금 전까지만 해도 분명히 멀쩡했던 배가 살살 아파오고 별안간 기분이 저조해지면서 우울해지기도 할 것입니다. 왠지 상대적으로 내가 능력이 없는 사람인 것 같은 자괴감이 들면서, 나를 초라한 존재로 느끼도록 만든 상대방을 괜히 미워하게 되기도 합니다.

I.
질투는 본능과도
같은 것

"만군의 여호와가 이같이 말하노라 내가 시온을 위
하여 크게 질투하며 그를 위하여 크게 분노함으로
질투하노라"

스가랴 8:2

집 안에 첫째 아이가 심각한 심적 고통을 경험할
때가 있습니다. 바로 동생을 보게 되었을 때입니다. 첫
째 아이는 자기를 향하던 부모의 관심이 동생에게 전
환되는 것을 보면서 이루 말할 수 없는 질투감을 느끼
게 됩니다. 그래서 부모의 눈을 피해 동생에게 군밤을
주기도 하고, 볼을 꼬집기도 합니다.

실제로 첫째 아이에게 동생의 등장은 배우자가 바람피우는 장면을 목격한 것보다 더 힘든 스트레스의 상황이라고 합니다. 이제 막 인생을 경험하기 시작한 어린아이들조차도 본능적으로 질투를 가지고 있다는 것입니다. 이쯤 되면 질투란 우리의 감정 안에 자리 잡은 본능과도 같은 것이라 할 수 있습니다. '좋다, 나쁘다, 죄다, 죄가 아니다'를 떠난 필연적인 인간의 감정입니다.

그렇다면 질투는 나쁜 감정일까요? 없애버려야 할 감정일까요? 절대 그렇지 않습니다. 질투는 우리 안에서 자연스럽게 일어나는 감정입니다. 어쩌면 우리가 살면서 만나게 되는 어떤 상황에서 선택할 수밖에 없는 최상의 감정일 수도 있습니다. 납득이 안 되시나요? 천천히 그 이유를 짚어보겠습니다.

마인드 바이블

성경 속에도 질투의 화신이 등장합니다

성경 속에도 질투를 느낀 인물들이 수 없이 등장합니다.

가인이 "하나님께서 내 제사는 안 받으시고 동생 제사만 받으시네!" 하면서 아벨을 죽인 것도 질투심에서 비롯된 행동이었습니다. 사울왕도 다윗에 대한 불덩이 같은 질투심 때문에 눈이 멀고 귀가 막힌 체 자신의 인생을 허비하고 말았고, 결국에는 불행한 인생의 막을 내렸습니다.

우리는 누군가를 질투할 때 스스로를 모자란 사람으로 느끼게 됩니다. 상대에 비해 자신이 부족하고 모자라며 한참 뒤떨어진다고 생각하는 것입니다. 설상가상으로 신앙이 있는 사람이 질투를 느끼게 되면 하나님 앞에 죄를 지은 것처럼 죄송한 마음이 들기도 합니다. 그러나 사실 하나님도 질투쟁이십니다.

"너는 다른 신에게 절하지 말라 여호와는 질투라 이름하는 질투의 하나님임이니라"

출애굽기 34:14

하나님께서도 자신을 질투쟁이라고 실토하십니다. 또 스가랴 8장을 보면 하나님이 이스라엘과 유다를 망하게 하시는데, 그 망하게 하시는 이유가 질투심 때문이라고 말씀합니다.

"만군의 여호와가 이같이 말하노라 내가 시온을 위하여 크게 질투하며 그를 위하여 크게 분노함으로 질투하노라"

스가랴 8:2

그렇다면 하나님의 아들이신 예수님은 어떨까요? 예수님도 사실 질투쟁이십니다. 마태복음 10장을 보면 예수님이 우리의 부모님과 사랑을 경쟁하십니다.

"아버지나 어머니를 나보다 더 사랑하는 자는 내게 합당하지 아니하고 아들이나 딸을 나보다 더 사랑하는 자도 내게 합당하지 아니하며 또 자기 십자가를 지고 나를 따르지 않는 자도 내게 합당하지 아니하니라"

마태복음 10:37-38

금송아지나 재물 같은 우상뿐만 아니라 혈연으로 뭉친 가족보다도 예수님을 더 사랑할 것을 요청하십니다.

성령님은 다르실까요? 성령께서도 질투하십니다. 야고보서 4장에는 이런 말씀이 있습니다.

"너희는 하나님이 우리 속에 거하게 하신 성령이 시기하기까지 사모한다 하신 말씀을 헛된 줄로 생각하느냐"

야고보서 4:5

우리 안에서 강력하게 시기하시는 분이 성령님이라고 말하고 있습니다. 이렇게 되면 성부, 성자, 성령, 삼위 일체 하나님 모두 질투하신다는 결론이 납니다. 그야말로 '빼박'이지요.

하나님은 사랑이시며 공의로운 분입니다. 그런 하나님의 성품 안에 질투라는 감정이 들어 있다고 한다면 우리는 질투에 대해 심히 왜곡된 오해를 가지고 있는 것입니다. 질투는 절대 나쁜 감정이 아닙니다.

어쩌면 우리의 이야기일지도

평소 둘도 없는 절친으로 소문날 만큼 사이가 좋은 두 청년이 있었습니다. 두 사람은 비슷한 시기에 공무원 시험을 준비했습니다. 첫 시험을 치르고 났을 때 두 친구 중 한 명은 운 좋게 합격을 했지만, 다른 한 명은 낙방하고 말았습니다. 시험에 합격한 친구는 불합격한 친구가 걱정되어 연락을 취했습니다. 하지만 불합격한 친구는 전화를 받지 않았습니다.

평소 하루가 멀다 하고 연락을 주고받던 친구가 전화를 받지 않자 걱정이 된 청년은 다른 지인들에게 친구의 소식을 물었습니다. 역시 예상한 그대로 불합격한 친구는 다른 지인들과는 평소와 다름없이 연락을 주고받고 있었습니다.

'뭐야? 내 전화만 안 받는 거야. 나는 붙고 자기는 떨어졌다고 질투를 하고 있는 거야?' 이런 생각이 들자 마음이 상한 그는 밤늦게 친구를 직접 찾아 갔습니다. 그리고 그는 이렇게 말했습니다.

"너 내가 합격한 게 그렇게 배가 아팠냐? 난 우리가 친구인줄 알았는데 이제 보니 너는 내 친구가 아니었어." 그날 밤 이후로 두 사람은 더 이상 친구가 될 수 없었습니다.

두 청년 중 어떤 사람의 행동이 더 어리석다고 할 수 있을까요? 저는 시험에 합격한 친구의 행동이 더 어리석었다고 판단합니다. 사실 시험에 낙방한 친구가 전화를 받지 않은 것은 물론 질투심 때문일 것입니다. 똑같은 것을 원했고, 똑같이 열심히 공부했는데 친구는 합격하고, 자신은 불합격했으니 아무렇지 않을 수가 없었을 겁니다.

혹시 '나라면 불합격했다고 해서 그렇게 연락을 끊지는 않지. 나라면 합격한 친구를 축하해 줄 거야' 라고 생각하는 분이 계실까요? 저 상황에 처한다면 누구라도 생각처럼 이상적으로 행동하지 못할 것입니다. 전과 똑같이 웃는 얼굴로 친구를 축하해 주었다고 해도 그의 마음 속 깊은 곳에서는 상대적 박탈감으로 인한 질투심이 이미 자라났을 것입니다.

만약 만족스러운 결과를 얻은 친구가 그렇지 못한 친구의 마음이 안정될 때까지 기다려 주었다면 어땠을

까요? 그 친구가 질투라는 감정을 통해서 무언가 새로
운 결단을 할 때까지 기다려 주었다면, 그의 상실감을
배려해서 그를 위해 기도해 주었다면 두 사람의 관계
는 전보다 훨씬 더 단단해 졌을 것입니다.

'좀 더 나은 나'로 성장하라고 주시는 힘

질투라는 감정은 우리에게 어떤 의도를 가지고 일
어납니다. 질투라는 감정을 우리가 악용하는 것이 문
제이지, 사실 질투는 우리 안에서 적극성을 불러 일으
키는 건강한 불쏘시개 입니다.

여러분에게 질투를 유발하는 사람이 있나요? 그 사
람을 만나고 돌아오는 길에 마음속에 어떤 변화가 일
어났음을 감지하셨나요?

상대를 질투해서 상대가 가진 것을 빼앗으려 수단

과 방법을 가리지 않는 사람이 있는가 하면, 질투를 유발하는 상대로 인해 '좀 더 나은 나'로 성장하고자 새로운 시도를 하는 사람이 있습니다.

우리는 질투를 통해 속 좁은 스스로를 돌아보며 자신을 돌이켜 보거나, 자신이 하던 업무 방식을 좀 더 효율적인 방법으로 바꿔본다거나, 하릴없이 뒹굴거리며 보내던 주말에 등산에 나서 본다거나 하는 식으로 새로운 다짐을 할 수도 있습니다. 질투심은 우리에게 주어진 공평한 이 하루를 좀 더 적극적으로 살아가라고 하는 명령을 담고 있습니다.

그것은 결코 누군가에게 해를 주고 깎아 내리라는 명령문이 아닙니다. 적극적으로 일어나 주어진 삶을 치열하게 살아가고 발전하라는 격려의 메시지입니다. 사랑에 대한 적극성, 지금보다 더 잘 살아보겠다는 생명의 적극성을 가지라는 주문입니다. 질투가 일어나면 내 안에서 '적극적으로 살아가며 더 성장하라'고 마음

이 외치고 있는 소리를 여러분 스스로 들을 수 있어야
합니다.

질투, 그것은 이용하기 나름입니다. 나에게 주어진
하루하루의 삶에 최선을 다하고 있다면, 질투는 더 이
상 힘을 쓰지 못할 것입니다.

마인드 바이블

2.
'사이코소매틱스'를 부르는
질투의 위력

"분은 잔인하고 노는 창수 같거니와 투기 앞에야 누
가 서리오"

잠언 27:4

영국의 철학자 프랜시스 베이컨Francis Bacon(1561-
1626)은 '질투는 인간에게 있어서 가장 지속적인 감정'
이라고 말했습니다. 인간은 거의 모든 영역에서 끊임
없이 타인과 자신을 비교하며 질투하고 시기하는 감정
에 시달린다는 뜻입니다.

우리는 타인과의 관계를 조율하거나 자신의 가치

를 끌어올리려는 동기부여의 에너지로 질투의 감정을 사용할 수 있습니다. 이는 우리의 마음속에서 질투의 감정이 일으켜 내는 긍정적인 기능입니다. 그러나 지속적으로 질투를 마음속에 품고 산다면? 그때는 이야기가 180도 달라집니다. 질투는 우리의 마음뿐이 아니라, 신체에까지 악영향을 미칠 수도 있기 때문입니다.

그렇기 때문에 우리는 질투에 휘둘리지 말고, 질투를 잘 이용해야합니다. 나를 조금 더 나은 인간으로 성장시키기 위한 자극제로 질투를 잠깐 이용할 뿐 절대 품고 있으면 안 된다는 것입니다.

질투를 스트레스로 느끼는 우리 몸

질투를 품은 상태가 되면 몸의 태도에 변화가 일어납니다.

질투를 유발시키는 당사자와 마주하게 되면, 우리

의 몸은 거의 반사적으로 경직됩니다. 자세가 뻣뻣해지면서 근육이 딱딱해집니다. 자세에도 변화가 일어납니다. 몸 전체가 뒤쪽으로 약간 젖혀지는 모습이 나타나기도 하고, 더 심한 경우에는 자신도 의식하지 못한 채 어금니를 꽉 깨물기도 합니다. 심지어 이를 바드득바드득 갈기도 합니다. 치를 떠는 것입니다.

'네가 잘났으면 얼마나 잘났어?' 하는 시기심, '네가 언제까지 잘되나 보자' 하는 묘한 질투심이 스스로를 경직시키고 이를 갈게 하는 것입니다. 이런 신체반응은 우리 몸을 갉아먹습니다. 질투를 유발하는 대상자를 마음속에 품고 지속적으로 떠올리게 되면, 일시적인 몸의 경직을 넘어 만성적인 피로와 스트레스로 발전하게 됩니다. 만병의 근원이라 할 수 있는 스트레스를 스스로 끌어안게 되는 결과를 낳는 꼴입니다.

동양의학에서도 질투의 감정을 신체의 주요 장기와 연결시킵니다. 질투심이나 적개심, 분노를 오랜 기간 품고 있으면 그렇지 않은 사람에 비해 간 기능 장애

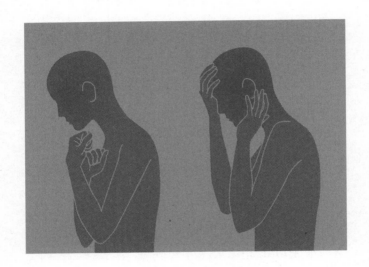

를 앓거나 담석증과 같은 질환에 노출될 위험이 있습니다.

불편한 기쁨, 샤덴 프로이데

우리 속담에 "사촌이 땅을 사면 배가 아프다"는 질투에 대한 말이 있습니다. 진짜 그럴까요? 사촌이 땅을 사면 배가 아프고, 사촌의 형편이 어려워지면 기분이 고소할까요?

독일에는 이런 묘한 감정을 한마디로 설명해주는 안성맞춤 단어가 있습니다. 바로 '샤덴프로이데Schadenfreude'. 손해를 의미하는 '샤덴Schaden'이란 말과, 기쁨을 의미하는 '프로이데freude'가 합쳐져서 '샤덴프로이데'라는 단어가 만들어졌다는 겁니다. 이를 의역하면 '손해가 되는 기쁨, 불행을 보는 기쁨' 이라는 뜻이 됩니다.

으레 기쁨이라고 하면 손해와 불행으로부터 나올 리가 없습니다. 그런데 손해와 불행의 당사자가 내가 아닌 남이라면 이야기가 달라집니다. 바로 이것이 '질투 대상자가 안 좋은 일을 당했을 때' 느끼는 묘한 기쁨입니다. 우리는 질투하는 사람이 아프거나 어려운 일을 당하면 겉으로는 걱정해 주는 척 하지만 속으로는 '꼴-좋다'며 고소해하기도 합니다.

이런 희한하고도 익숙한 심리 상태가 실제로 우리 몸에 어떤 영향을 끼치는지에 대해 연구한 흥미로운 결과가 하나 있습니다. 일본 교토대 의학대학원의 히데이코 다카하시 박사팀에서 '인간의 뇌가 질투를 느낄 때 어떻게 반응하는 지'를 연구한 것입니다.

연구팀은 남녀 참가자 19명에게 가상의 시나리오를 주고, 자신을 주인공으로 생각하도록 했습니다. 시나리오에는 평범한 주인공인 '나'와 세 명의 동창생들이 등장하게 하였습니다. 네 명의 인물이 사회에 진출

마인드 바이블

한 뒤 다시 만난 이야기가 묘사되어 있었습니다. 주인
공을 제외한 세 명의 동창생들은 '나'보다 성공하기도
하고, '나'보다 못한 처지에 놓여있기도 했습니다. 그리
고 연구팀은 19명의 피험자들이 이야기를 읽어 나가는
동안 그들의 뇌에서 나타나는 반응을 기능성자기공명
영상(fMRI)을 통해 촬영하고 분석했습니다.

　　연구 결과는 흥미로웠습니다. 연구팀이 인간의 뇌
에는 남이 잘 안 되는 것을 기뻐하는 장치가 있다는 사
실을 밝혀낸 것입니다. 동창생이 주인공 '나'보다 성공
한 쪽으로 이야기가 진행되면 피험자는 뇌의 통증을
느끼고, '나' 보다 못한 동창생의 이야기를 읽을 때는 뇌
에서 기쁨을 느끼더라는 것입니다.

　　기쁨이긴 기쁨인데 부정적인 기쁨, 불편한 기쁨입
니다.

'셀프 디스'를 멈추세요

의학 용어 중에 '사이코소매틱스Psychosomatics'라는 말이 있습니다. 직역하면 '정신 신체 질환'이라는 뜻입니다. 정신적으로 스트레스를 느끼게 되면 몸이 반응한다는 것입니다.

질투를 느낄 때 우리의 신체 또한 그 영향을 받습니다. 위산이 과다하게 분비되기도 하고, 그 결과 위벽이 헐거나 파이는 등 실제적인 해를 입기도 합니다. 이에 대한 증상으로 가슴이 쓰라린 고통을 느낄 수도 있습니다. 또한 이런 반응을 스트레스로 감지한 뇌에서 스트레스 호르몬을 분비함으로써 참을 수 있는 작은 스트레스에도 급격하게 반응을 하게 만들 수도 있습니다.

"분은 잔인하고 노는 창수 같거니와 투기 앞에야 누가 서리오"

잠언 27:4

이와 같이 질투를 가슴에 품고 산다는 것은 자신의 몸과 뇌에 스스로 통증을 줄 뿐만 아니라 없는 통증조차 스스로 만들어내는 결과를 초래하기도 합니다. 즉 질병이라는 목적지로 직행하는 고속열차에 스스로 올라타는 것과 다름없다는 것입니다.

10장

원망, 마음에 드리운 그늘

1930년대부터 미국의 17,000여 경찰 조직은 관할 구역 내 범죄 정보를 미국연방수사국(FBI)에 보고해왔다고 합니다. FBI는 이런 자료를 토대로 미국 내 범죄 현황에 대한 자료를 구성하고 발표해왔는데, 그 방대한 자료 중에서도 재범률이 높은 전과자들의 범죄 자료를 집중 분석한 결과가 흥미롭습니다. 거듭된 범죄를 저지른 전과자들을 집중 분석한 결과, 유의미한 한 가지의 공통점이 도출된 것입니다. 재범률이 높은 범죄자들은 마음속에 뿌리 깊은 원망을 가지고 있다는 사실이었습니다.

거듭해서 범죄를 저지른 그들은 대부분 사회나 가정환경 등 자신이 처한 상황이나 부모, 형제, 지인 등 특정인에 대한 원망을 품고 있었습니다. 반면에 뿌리 깊은 원망을 가지고 있지 않은 범죄자들은 재범률이 월등히 낮았습니다.

이러한 집중 분석 결과를 토대로 FBI는 정부에게 재범률을 낮추기 위한 최우선 과제로 '범죄자들의 원망을 해결하는 것'이 중요하다는 보고를 했다고 합니다.

마인드 바이블

I.
태초에
원망이 있으니

"어찌하여 내가 태에서 죽어 나오지 아니하였던가.
어찌하여 내 어머니가 해산할 때에 내가 숨지지 아
니하였던가"

욥기 3:11

우리는 한번쯤 사회를, 환경을, 사람을, 이 세상을
원망한 적이 있을 겁니다. 인간은 왜 원망할까요? 현재
처한 상황에 대해 자신은 아무 잘못이 없고 다른 무엇
인가에 책임이 있다고 생각하기 때문입니다. 즉 원망
이란 다른 누군가나, 어떤 상황 때문에 내가 이렇게 될
수밖에 없었다는 피해의식에서 비롯되는 것입니다. 원

망으로 나타나는 그 피해의식은 자기를 연민하게 하고, 자기 행동을 합리화하는 최적의 도구가 됩니다.

앞서 3장에서 언급했던 조현병 환자의 사건에서도 '원망'이라는 감정을 찾아볼 수 있습니다. 그는 자신이 살고 있던 아파트에 불을 지르고 대피하는 사람들을 무작위로 살해하는 끔찍한 사건을 벌였습니다. 이 범죄로 피해를 당한 사람들은 그 아파트에 사는 무고한 주민들이었습니다. 그런데 사건을 저지른 피의자의 발언은 황당하기 그지없었습니다. 심판대에 선 피의자는 자기 죄를 뉘우치기는커녕 원망으로 자신을 무장시키고 있었습니다. 그는 자신도 십년동안 불이익을 당해왔다며 자신이 아무리 하소연을 해도 경찰이나 국가에서 아무것도 해주지 않아 화가 났다는 것입니다.

그의 끔찍한 범죄는 국가와 공권력에 대한 원망에서 비롯된 것이었습니다. 경찰, 사회, 국가, 이웃들에 대한 원망이었습니다. 마음 속 원망이라는 감정이 몸집

마인드 바이블

을 키워 방화와 살인이라는 끔찍한 외피를 입고 세상
으로 터져 나온 것이었습니다.

이처럼 원망은 복수심이나 분노로 확대될 수 있는
위험한 감정입니다. 그렇다고 원망이 '필요악'의 감정
이기만 한 것일까요? 원망은 무조건 나쁠까요? 이렇게
만 보면 원망이 가지고 있는 의미와 메시지를 놓치게
됩니다.

차라리 하나님을 붙잡고 원망하세요

성경 속에 나타난 하나님은 누구보다 원망을 잘 들
어주는 분입니다. 원망이 무조건 나쁘기만 한 것이라
면 하나님께서 "나를 원망하지마라" 라고 말씀하시며
원망하는 사람들을 벌하셨을 텐데 하나님은 사람들의
원망을 가만히 듣고 계십니다.

하나님의 말씀을 듣고 선포하는 선지자들도 하나님을 원망했습니다.

"하나님 왜 선이 악에게 지는 것입니까? 왜 의인들이 악인들에게 고난을 받습니까? 왜 하나님을 잘 섬긴 이스라엘이 악한 바빌론에게 무너지는 것입니까?"

이 때 하나님은 원망하는 자들을 향해 꾸짖지 않으십니다. 오히려 받아주셨습니다. 인간은 혼자 자신의 짐을 견디고 살 수 없는 나약한 존재이기 때문에 붙잡고 의지할 대상이 필요하다는 것을 잘 아셨기 때문입니다.

"어찌하여 내가 태에서 죽어 나오지 아니하였던가. 어찌하여 내 어머니가 해산할 때에 내가 숨지지 아니하였던가"

욥기 3:11

욥기를 보면 대부분이 욥의 원망이야기입니다. 하

나님을 신실하게 섬겼던 욥은 그 삶에 고난이 닥쳐오자 처음에는 인내하며 잘 견뎠지만 계속되는 시련에 더 이상 참지 못하고 원망의 분수령을 터뜨려버립니다.

그의 입을 통해 나온 말들은 전부 원망과 탄식뿐이었습니다. 급기야 욥은 자기를 낳은 어머니까지 원망하기에 이릅니다. 여기서 그치지 않고 욥은 의로운 자신을 공격하시는 하나님을 원망했습니다. "이 모든 것이 나를 세상에 낳은 어머니 때문입니다. 하나님 당신 책임입니다"라며 자신을 제외한 거의 모든 존재를 원망합니다. 그런데 놀라운 것은 하나님은 이 철없는 욥의 원망을 38장까지 인내하며 듣고 계신다는 사실입니다.

예수님께서 십자가에 매달리셨을 때, 예수님은 우리를 당혹케 하는 한 마디를 남기셨습니다. "엘리 엘리 라마 사박다니!" 곧 "나의 하나님 나의 하나님 어찌하여 저를 버리시나이까!" 라는 절규. 여기에 어떤 미사여구를 갖다 붙인다고 하더라도 이 한 마디에 원망의 감정이 묻어있다는 사실은 달라지지 않습니다. 예수님께서도 최후의 순간 '원망'하셨던 것입니다.

이쯤에서 우리는 이런 생각을 해 볼 수 있습니다. 우리가 극심한 고통을 당하고 있을 때 무조건 그 고통을 견뎌야만 하는 것이라면 당사자가 느끼는 감정은 이루 말할 수 없이 참담할 것입니다. 그런데 그 참담한 고통을 견디는 것에 더해서 이 엄청난 고통의 모든 책임이 바로 '나'에게 있다고 한다면 이 얼마나 큰 고통일까요? 아마 우리는 그 고통을 견뎌낼 일말의 희망조차 잃어버리고 말 것입니다. 인간은 생각보다 약한 존재이며, 자신을 의롭다 여기는 본성을 지니고 있기 때문입니다.

지금 죽을 것처럼 힘든데, 이 고통이 나로부터 비롯된 것이라고 한다면, 그 고통을 견뎌낼 요량이 있을까요? "힘들지? 다 네가 자초한 일이야" 라는 말을 바로 자신에게 듣는다면 아마 고통이 끝날 때까지 견뎌내기보다 죽음으로 고통을 끝내고 싶은 충동에 사로잡힐지도 모릅니다.

바로 그런 상황에서 자기를 지킬 수 있는 유일한 감정이 '원망'입니다. 자기를 연민해서라도, 자기를 피해자라고 생각해서라도, 벼랑 끝에 선 자기를 붙잡을 수 있게 하는 것이 원망이라는 감정인 것입니다.

원망이 좋은 것인지, 나쁜 것인지, 해도 되는 것인지, 하지 말아야 할 것인지를 따지기 전에 우리가 알아야 할 것은 '사람은 누구든 원망하고 싶어 한다'는 사실입니다. 인간은 원망을 필요로 합니다. 사람들은 원망하고 싶어 합니다. 혼자 자신의 짐을 지고 살 수 없어 떼를 써서라도 억지로 어딘가에 짐을 내려놓고 싶어 하는 불쌍한 존재라는 것입니다. 인간을 창조하신 하나님께서도 이를 아시기에 묵묵히 우리의 원망을 들어주셨습니다. 책망하지 않으시고, 외면하지 않으시고,

묵묵히 원망의 대상이 되어주셨습니다.

누가 나를 원망할 때 우리는 하나님이 그러하셨듯 상대의 연약함을 볼 수 있어야 합니다. 무너지지 않고 자기를 지키려는 상대의 몸부림을 볼 수 있어야 합니다.

누군가 여러분을 원망한다면, 그 원망을 독설로 되갚지 마시고 묵묵히 들어 주십시오. 그가 그 원망을 통해서 자기 자신을 지킬 수 있는 힘이 되어 주십시오.

반대로 누군가를 원망하고 있다면, 그 마음을 하나님 앞에 토해야 합니다. 묵묵히 들어주시며 평안을 주시는 하나님께 원망하는 마음을 쏟으십시오. 원망을 거절하지 않으시며, 인간을 위해 중보하시는 성령님의 손길을 느끼십시오. 그리고 나 자신이 누군가의 탄식 속에서 꺼져가는 삶의 열망을 헤아리는 따뜻함을 가진 사람이 되기를 기도하면 됩니다. 그렇게 한 걸음 창조주를 닮아가게 될 것입니다.

원망도 필요합니다

정호승 시인의 산문집 『우리가 어느 별에서』에는 사랑하는 아내를 여읜 형에 대한 이야기가 등장합니다.

"형수를 잃은 형은 아마 신을 많이 원망했을 것이다. 형의 얼굴엔 원망의 그림자가 많이 드리워져 있었다. 내겐 형의 그러한 원망이 퍽 소중하게 생각되었다. 신을 원망해 보지 않은 사람은 신을 진정 사랑해 보지 못하기 때문이다. 신의 사랑을 깨닫기 위해서는 인간에게 원망이 필요하다. 신은 원망과 고통과 절망 가운데에서 자신의 사랑을 깨닫게 한다."

정호승, 『우리가 어느 별에서』中, 열림원, 2015

이 글을 읽으며 저는 말로는 설명하지 못할 뜨겁고도 따뜻한 감동을 느꼈습니다. 겉으로, 일차원적으로는 쉽게 와 닿지 않는 오묘한 감정. 이처럼 원망은 단편적

으로는 부정적으로 보이지만, 분명 어떤 존재의 의미
를 가지고 있습니다.

인간은 원망의 감정 앞에서 한 가지를 깨닫게 됩니
다. 어두운 그늘과 같은 원망을 깊이 느낀 다음에야 비
로소 신의 사랑과 신께서 내게 주신 생명을 깨달을 수
있다는 것을 말입니다.

원망은 단순히 배격해야 하는 부정적인 감정이 아
니라, 우리가 꼭 내려 머물러야할 정류장 같은 곳입니
다. 원망이라고 하는 정류장을 그냥 지나쳐 버리면 내
마음속에 정리해야하는 부정적인 감정이 여전히 남아
있어 새로운 깨달음, 진정한 사랑을 승차시키지 못하
게 됩니다.

원망이라는 정류장을 그냥 지나쳐 버리면 어두운
그 상태에 계속 머물게 되어 있습니다. 원망하지 않으
면 원망 다음의 사랑을 만날 수 없다는 것입니다. 더 큰
존재가 되기 위해, 더 강한 생명이 되기 위해 반드시 거

쳐야 하는 마지막 관문이 원망입니다.

원망은 문제를 돌파하는 힘입니다. 원망을 한다고 못난 인간이 아닙니다. 진짜 문제는 원망해 보지 않은 사람입니다.

멀리 바라본다는 첫 번째 의미

'원망'이라는 단어를 국어사전에서 찾아보면 가장 상위에 쓰인 뜻은 '[명사] 멀리 바라봄. [명사] 먼 앞날의 희망'입니다. 우리가 흔히 알고 있는 '못마땅하게 여겨 탓하거나 미워함'이라는 뜻은 무려 세 번째 자리에 위치합니다. 물론 소리만 같을 뿐 서로 다른 한자를 사용하니 두 단어는 분명 다른 말입니다. 그러나 적어도 우리 한글은 '원망'의 뜻을 '멀리 바라봄'에 우선을 두고 있다는 것에 의미가 있습니다.

우리는 종종 부모님을 원망하기도 하고, 세상을 원망하기도 합니다. 그렇게 무언가를 원망하다보면 어느 순간 무언가를 연민하거나 사랑하거나 존중해야겠다는 깨달음에 도달하게 됩니다. 자신이 원망하던 어머니도, 아버지도 결국 나약한 한 인간이었다는 걸 느끼는 순간 원망하는 감정이 녹아내리고 연민과 감사의 마음이 생기며 자신이 어떻게 살아야하는지를 다시금 깨닫게 되는 것처럼 말입니다.

태어나자마자 부모에게 버림받고 미국에 입양되어 성장한 사람이 있었습니다. 그런데 미국의 양부모는 그를 양육하는 동안 미국 호적에 신고조차 안하고 학교도 보내주지 않았습니다. 그는 한 마디로 미국인도 아니고, 한국인도 아닌 애매한 상태로 성인이 되어버렸습니다. 어쩌다 보니 그는 범죄에 연루되었고 미국에서 추방돼 이역만리 한국으로 되돌아오기에 이르렀습니다. 한국행 비행기에 태워진 채 또 한 번 버림받은 것입니다. 결국 그는 한국 땅에 버려진 국적 없는 노숙자가 되었습니다.

한 기자가 그를 인터뷰하였습니다. "지금까지 어떻게 살 수 있었습니까?"

그는 이렇게 대답 했습니다. "원망만 죽어라 했습니다. 나를 버린 부모, 호적신고조차 해주지 않은 양부모, 미국 정부, 한국 정부를 죽어라고 원망만 했습니다. 그런데 아무리 원망해도 변하는 것이 없더라고요."

그렇게 말하는 노숙자 눈에는 빛이 번쩍번쩍 났습니다. 그는 말을 이어 나갔습니다. "원망하면 뭐하나요? 그래도 살아야지요."

그는 인권단체들의 도움으로 자신을 낳아준 부모와 한국국적을 찾기 위해 노력하고 있었습니다. 저는 그 분이 원망이라는 감정을 통과하지 않았으면 부모와 조국을 찾으려는 강한 의지에 절대 도달하지 못했을 것이라는 생각을 했습니다.

마인드 바이블

여러분, 원망하는 사람을 탓하지 마십시오. 그리고 여러분도 주저하지 말고 원망을 하십시오. 단, 잘 통과하면 됩니다. 원망함으로써 원망을 넘어가 감정의 한 단계를 도약하는 것입니다.

2.
'DNA'는
원망의 그늘 아래에서
지쳐갑니다

"너희 안에서 행하시는 이는 하나님이시니 자기의
기쁘신 뜻을 위하여 너희에게 소원을 두고 행하게
하시나니 모든 일을 원망과 시비가 없이 하라"

빌립보서 2:13-14

우리가 받는 스트레스 중에서 가장 지속적이면서
강력하며 동시에 오래가는 감정이 무엇일까요? 일단
분노나 짜증은 아닙니다. 분노나 짜증은 반복되는 감
정이긴 하나 지속적이지 않고 오래 가지도 않습니다.
그런데 원망은 다릅니다. 원망의 감정은 대단히 지속

마인드 바이블

적이면서도 그 감정을 품고 있는 자신의 모습이 밉게 느껴지거나 싫어진다거나 하지 않습니다. 분명히 스트레스를 주는 감정임에도 불구하고 말입니다.

원망의 감정 안에는 자신의 비참한 상태를 다른 누군가에게 돌림으로써 오히려 안정감을 느끼게 되는 묘한 심리가 내포되어 있습니다. 사람들은 누군가를 원망하면서 동시에 자기를 연민하게 되는 것입니다. 또 자신이 느끼는 고통의 책임을 누군가에게 덮어씌우면서 묘한 카타르시스를 느끼기도 합니다. 나아가 복수심을 키우면서 흥분되는 감정을 갖기도 합니다.

원망의 감정을 간직한 사람들은 심리적으로 편안한 상태를 오히려 불편해 합니다. 응어리진 원망과 복수감을 느끼고 있는 불편함을 일상으로 느끼기도 합니다. 마치 마약과 같이 실제로는 몸에 해로운 타격을 받으면서도 마음으로는 짜릿한 쾌감을 느끼는 상태와 흡사합니다.

품지 마세요, 아픔의 도화선이 됩니다

원망은 자기를 보호하기 위해 일어나는 감정입니다. 너무 고통스러워 죽을 것 같은데, 그 책임도 나에게 있다고 여긴다면 그 고통을 회피하기 위해 스스로를 파괴하는 위험한 선택을 할 수도 있습니다. 누군가를 원망하기보다는 자책을 하다가 극단적 선택을 하는 사람들의 심리를 헤아려보면 더욱이 원망의 쓰임은 분명해집니다. 누군가를 잘 원망하면 자기 파멸로 가는 것을 막을 수 있습니다. 결국 원망은 자기를 보호하기 위한 마지막 보루, 방어기제로서 우리에게 반드시 필요한 감정임이 분명합니다. 그러나 그 원망이 지나치면 우리 신체에 당연히 좋지 않은 반응이 나타납니다.

원망은 스트레스에 영향을 많이 주는 감정입니다. 원망의 감정은 우리 신체에 만성적인 염증을 일으키는 큰 요인이 될 수 있습니다.

급성염증 같은 경우는 우리 몸에 세균이나 바이러스가 들어오면 일시적으로 일어났다가 사라집니다. 하지만 만성염증의 경우는 다릅니다. 원망의 감정을 품고 있는 사람은 그렇지 않은 사람에 비해 만성염증을 일으킬 가능성이 20퍼센트나 높다는 보고도 있을 만큼 그 상관관계가 깊습니다.

우리 몸속의 혈액에는 일명 '염증세포'가 돌아다니는데, 오랜 기간 마음속에 원망을 품으면 스트레스가 지속되면서 염증 지수가 올라갑니다. 빠르게 생겼다가 사라지는 급성염증과 달리, 조용하면서도 끊임없이 생기는 미세염증이 반복되면 만병의 도화선이 되는 조용한 살인자, 만성염증으로 발전할 수 있습니다.

만성염증은 혈액을 타고 온 몸을 돌아다니며 신체를 손상시킵니다. 혈관 쪽에 '플라크'라는 염증 덩어리를 형성해서 혈관의 흐름을 막기도 하고, 염증세포가 백혈구로 하여금 교란을 일으키게 해서 건강한 세포나 장기 등을 공격하게 만들기도 합니다. 이는 루프스나 류마티스 관절염 같은 자가면역질환을 일으키는 요인이 됩니다. 이뿐만이 아닙니다. 만성염증은 세포노화와 변형을 일으키는 동시에 뇌세포를 파괴해 우울증, 치매 발병 위험률을 높이는 촉매가 됩니다. 그야말로 온갖 질병의 도화선이 되어버리는 겁니다.

암을 부르는 만성염증

간혹 병원에서 건강검진을 받게 되면 혈액검사에 '종양표지자검사' 또는 '암표지자검사'라는 항목을 발견할 수 있습니다. 환자의 혈액을 채취해 혈액 속에 순환하고 있는 암세포 수치를 관찰하는 것입니다. 특히 암환자의 경우에는 치료 경과나 예후를 진단하기 위해 표지자검사를 활용하고 있습니다. 또한 이 검사를 통해 암을 억제하는 유전자가 메틸화되었는지 여부를 확

마인드 바이블

인합니다.

　'유전자의 메틸화'란 종양을 억제하는 유전자가 차단된 것을 의미합니다. 즉 유전자가 메틸화되면 우리 몸속에서 암세포가 생기는 것을 억제하는 기능을 잃어버리게 된다는 뜻입니다. 이 메틸화를 촉진시키는 가장 큰 요인 중에 하나가 바로 '염증'입니다. 그래서 만성적인 염증이 암에 대한 저항을 약화시킬 수 있다는 겁니다.

　오랜 기간 원망을 품고 산다는 것은 만성염증을 끌어안고 사는 것과 다를 바 없습니다. 원망이라는 묵은 감정이 우리 몸에 염증을 일으켜 DNA를 공격하고, 암과 각종 질병을 유발시키는 데 지대한 영향을 미친다는 사실을 잊지 말아야 합니다. 지속적이고 강력한 '원망'이라는 이름의 마약을 이제는 내려놓아야 할 때입니다.

원망의 히든카드는 소원을 두는 것

"너희 안에서 행하시는 이는 하나님이시니 자기의
기쁘신 뜻을 위하여 너희에게 소원을 두고 행하게
하시나니 모든 일을 원망과 시비가 없이 하라"

빌립보서 2:13-14

성경에서 하나님께서는 모든 일을 원망과 시비가
없이 하라고 하십니다. 원망을 품으면 시비를 걸게 되
어 있습니다. 시비를 걸 대상이 없어지거나 그 대상이
너무 강력하면 그 원망은 전치되어 다른 사람을 향하
게 됩니다. 전치될 대상마저 없다면 그 원망은 자신에
게로 돌아오게 되어 있습니다.

원망의 감정이 일어난다면 우리 안에 기쁘신 뜻을
따라 소원을 두고 행하게 하시는 하나님을 바라봐야
합니다. 원망은 소원과 깊은 연관이 있습니다. 원망을

긍정적으로 돌리면 소원이 됩니다. 우리를 향한 하나님의 뜻을 바라보며 그 뜻을 소원하게 될 때, 원망은 용서가 되고, 감사가 되며, 건강이 될 것입니다. 누군가를 원망하는 감정이 남아 있다면, 여러분의 소원이 무엇인가를 떠올려 보시기 바랍니다.

11장

우울, 내 존재의 가치

OECD 국가 중 '자살률 1위'라는 불명예를 안고 있는 대한민국. 마주하고 싶지 않은 현실이지만 안타깝게도 우리나라 한 해 평균 자살자는 1만 5천여 명, 자살 시도자만 해도 30만 명에 이릅니다(2014년 기준). 보건복지부와 서울의대에서 자살 시도자 9천여 명을 조사한 결과 자살 동기로 우울증 등 정신질환이 단연 1위를 차지했다고 합니다. 이런 사실은 이제 충격적이지도 않습니다.

우울의 사전적 정의는 "마음에 근심이 되어서 생기

가 없는 상태"입니다. 우리나라에서 자살하는 사람들의 80~90퍼센트가 우울증을 앓고 있었다는 조사결과에서도 알 수 있듯이 우울은 인간을 극단의 선택까지 몰고 가는 굉장히 부정적이고 위험한 감정이라 할 수 있습니다.

우울의 대표적인 현상은 '매사에 의욕이 없어지는 것'입니다. 우울하면 식욕이 없어지거나, 반대로 식욕을 억제하지 못해 과식을 일삼기도 합니다. 불면증에 시달리기도 하고, 반대로 지나치게 잠에 의존하기도 합니다. 자기 자신이 무가치한 존재처럼 느껴지고, 만남 직전에 약속을 깨버리는 등 대인관계에서도 어려움을 겪습니다. 이외에도 우울의 증상은 무궁무진합니다. 이런 증상이 2주 이상 지속되고 일상적인 생활이 어려운 지경에 이르면 우울한 감정이 우울증으로 된 것으로 봅니다.

마인드 바이블

I.
상실감으로 말미암아
우울해지다

"자기 자신은 광야로 들어가 하룻길쯤 가서 한 로뎀
나무 아래에 앉아서 자기가 죽기를 원하여 이르되
여호와여 넉넉하오니 지금 내 생명을 거두시옵소서
나는 내 조상들보다 낫지 못하나이다 하고"

열왕기상 19:4

우울은 슬픔과 관련이 있습니다. 흔히 우울을 '깊
은 슬픔' 정도로 생각하는 경우가 많은 것처럼 말입니
다. 사실상 슬픔과 우울은 모두 '상실감'으로 말미암아
생겨나는 감정입니다. 무언가를 잃어버렸을 때 우리는
슬픔 내지 우울을 느끼게 되는 것입니다.

그렇다면 슬픔과 우울의 차이는 무엇일까요? 프로이드Sigmund Freud(1856-1939)의 견해를 빌리자면, 슬픔이란 '대상을 상실했을 때, 그 대상을 상실한 것을 고통스러워 하는 것'이고, 우울은 '대상 상실을 자기 상실로 보고 괴로워하는 것'입니다.

'대상 상실'과 '자기 상실'의 차이

다윗은 우리야의 아내 밧세바를 취해 아들을 얻었습니다. 그러나 두 사람 사이에서 태어난 아기는 병에 걸려 생명이 위태로운 상태였습니다.

"다윗이 그 아이를 위하여 하나님께 간구하되 다윗이 금식하고 안에 들어가서 밤새도록 땅에 엎드렸으니"

사무엘하 15:16

성경에 등장하는 다윗의 마음은 어떤 상태일까요? 슬픈 걸까요, 우울한 것일까요? 우리는 앞선 두 감정의 차이점에 의거해 그의 감정을 구별할 수 있습니다. 다윗의 감정은 '슬픔'이었습니다. 다윗은 자신이 불의하게 얻은 아들을 잃을 것 같아서 먹지도 않고 큰 고통에 빠져 밤을 지새웁니다. 그런데 태어난 지 일주일 만에 아들이 세상을 떠나게 되고 맙니다. 그 후 다윗의 모습은 어땠나요? 그는 다시 자기 몸을 일으켜서 제사를 드리고 음식을 먹기 시작했습니다. 행여나 아들을 잃게 될까 괴로워하다가 아이를 잃은 후에는 감정을 추스르고 다시 몸을 일으켜 생활을 시작한 것입니다.

이는 '대상 상실'을 '자기 상실'로 보지 않았다는 뜻입니다. 다윗은 아들을 잃은 것에 대해 슬퍼한 것이지, 아들을 잃었다고 해서 자기 자신을 잃었다고는 생각하지 않았습니다.

그런데 또 다른 성경 속 인물인 선지자 엘리야의

경우는 다릅니다. 엘리야는 대상 상실을 자기 상실로 받아들였습니다. 엘리야는 갈멜산에서 이방신이었던 바알과 아세라 제사장들과 맞섰습니다. 무려 850 대 1로 싸워 여호와가 하나님이심을 증명한 위대한 일의 선봉장이었습니다. 그런데 이 사건으로 인해 북이스라엘의 우상숭배를 이끌었던 여왕 이세벨의 격노는 극에 달했습니다. 그녀는 악독한 분풀이로 하나님의 사람 오바댜가 동굴에 숨겨놓은 백여 명의 선지자들을 죽이기에 이릅니다. 그 때 엘리야는 광야로 도망가서 하나님께 이렇게 기도합니다.

"하나님, 저를 데려가 주십시오. 다 떠나고 저만 남았습니다. 저는 열조보다 못한 자입니다."

이 감정은 슬픔이 아니라 우울입니다. 갈멜산 기도 전쟁의 결과로 하나님의 선지자들이 죽었다는 사실, 그 '대상 상실'을 마치 자기 전부를 잃은 것 같은 '자기 상실'로 여기며 극심히 괴로워한 것입니다.

왜 '산후우울증'이라 할까요?

슬픔과 우울의 차이는 우리 일상에서도 쉽게 찾아
볼 수 있습니다. 출산 후 산모의 15퍼센트 가까이는 산
후우울증을 앓는다는 통계가 있습니다. 그런데 흥미로
운 것은 출산 후 심리적 어려움을 겪는 여성들에게서 발
견되는 이 무기력함을 '산후슬픔증'이라 하지 않고 '산후
우울증'이라고 표현하는 것입니다. 왜 우리는 출산 후 산
모의 심리적 증상을 '산후우울증'이라 하는 걸까요?

열 달 동안 아기를 배 속에 품고 있다가 출산을 하
면, 모성은 새 생명의 사랑스러움과 신비로움에 감히
무어라 말로 표현할 수 없는 행복함을 느낍니다.

그러나 갓난아기는 젖먹이부터 자고 씻는 것까지,
생존을 위해 필요한 모든 것에 엄마의 시간과 돌봄이
필요합니다.

갓난아기의 존재는 이제 막 엄마가 된 한 여성의

모든 시간과 행동을 속박하는 것입니다. 화장실조차 마음대로 가지 못하고, 밥 한술 제 때 못 뜨는 처지에 놓입니다. 하루 24시간 온 종일 아기를 돌보다보면 자기가 오늘 세수를 했는지조차 헷갈리는 지경에 이르게 됩니다. 새 생명을 만나는 기쁨과 별개로 핏덩이 아기를 24시간 긴장하며 돌봐야하는 완전히 달라진 삶은 초보엄마에게 엄청난 난관입니다.

　결국 자신의 삶을 잃어버렸다는 생각을 하게 됩니다. '나는 이제 내 삶을 잃어버렸어' 하는 생각. 엄마이기 이전에 하나의 사람이기에 이러한 상실을 인지하는 것은 어쩌면 당연한 일입니다. 결국 출산으로 인해 잃게 된 모든 것에 대한 '대상 상실'이 곧 '자기 상실'로 이어져 산후우울증이 시작되는 것입니다.

나의 소유가 나의 존재는 아닙니다

이렇게 우울의 감정은 인간의 삶 속에서 끊임없이 일어납니다.

철학자 마르쿠제Herbert Marcuse가 쓴 책『일차원적 인간』에서 저자는 '인간은 끊임없이 어떤 대상을 자기와 동일화시키는 존재'라고 말합니다. 인간은 자기가 소유하고 있는 대상과 자신을 동일화시킨다는 것입니다. 이 개념을 이해하기 위해 매우 일상적인 예를 들어 보겠습니다.

현대사회에서 자동차는 필요합니다. 자동차는 이동의 편리함을 위해 우리가 사용하는 이동수단입니다. 우리가 조선시대에 그랬듯이 산 넘고 물 건너 걸어 다닐 수는 없는 노릇이니 장소의 이동을 위해서 자동차를 이용하는 것입니다. 그런데 사용가치로만 따지면 스파크나 모닝도 충분합니다. 소형차를 타도 서울에서 부산까지 가는데 아무 지장이 없습니다. 그런데 우리는 스파크나 모닝보다 SUV, 벤츠, BMW, 람보르기니 같은 비싼 차를 갖고 싶어 합니다.

왜 그럴까요? 내가 소유하고 있는 것을 곧 자기로 보는 인간의 사고 때문입니다.

내가 모닝을 소유하고 있으면 '나=경차'가 되고, 내가 람보르기니를 가지면 '나=고급 외제차'가 되는 겁니다. 내가 명예와 권력을 가지면 내가 고귀한 존재가 되는 거고, 가진 것이 아무것도 없으면 나는 아무것도 아닌 존재가 된다는 생각입니다. 인간의 대표적인 어리석음입니다. 건강하지 못한 자아상입니다. 이처럼 자기가 소유한 것을 자기와 동일하게 여기는 인간을 마르쿠제는 '일차원적인 인간'이라고 표현한 것입니다.

이 상태가 바로 보통의 인간입니다. 자존심이 상해도, 나는 아닌 것 같아도 사실은 다들 비슷비슷하게 생각합니다. 그러니까 자신이 소유하던 무언가를 잃어버리면 자기 자신을 잃어버린 것으로 받아들인다는 것입니다. 그것의 오류를 고발해주는 것이 바로 우울의 감정입니다.

내 안에 우울이라는 감정이 일어날 때 반드시 생각해 봐야 합니다. 내가 지금 대상을 상실한 것을 나 자신을 상실한 것으로 생각하고 있지는 않은지 말입니다. 돈을 잃었다고 인간이 보잘 것 없어지는 것이 아닙니다. 사랑하는 사람을 잃었다고 해서 남겨진 사람의 삶이 시들어버린 것도 아닙니다. 오랫동안 믿어왔던 가치가 흔들렸다고 해서 그 사람이 무너져버린 것은 아닙니다. 열심히 준비해온 시험에 떨어졌다고 해서 당신이 쓸모없는 인간이라는 것은 아닙니다. 절대 아닙니다.

하나님은 우리를 그 어떤 것에 동일화시키지 않아도 되는 고유한 존재로 만들어 주셨습니다. 존재만으로 가치 있는 최고의 피조물로 빚으셨습니다. 가나안 땅을 정탐한 후 '우리는 그곳에 살고 있는 사람에 비하면 메뚜기와 같다'고 울고불고 한 이스라엘 백성들에게 하나님은 불같이 화를 내셨습니다. '그러면 나는 메뚜기의 왕이냐' 라며 분노하셨습니다. 세상에 둘도 없는 유일한 존재, 다른 피조물과 비교할 수 없는 고유한 인격체, 그것이 바로 우리입니다.

살면서 소유하게 되는 수많은 것들, 그 중 어느 것을 상실했다고 하더라도 당신은 하나님이 주신 가장 귀한 생명을 가지고 있고, 특별한 애정과 가치로 창조된 고유한 존재라는 사실! 이 사실을 망각하지 말라고 우울은 우리에게 끊임없이 외치고 있는 것입니다.

여러분이 지금 우울을 느낀다면 그것은 여러분이 소유한 무언가를 자신과 동일시하고 있다는 증거입니다. '나는 지위를 잃어버려도 가치 있는 고유한 존재'임을 깨달아야합니다. 그 어떤 것에도 자신을 동일화시키지 마시고, 여러분 안의 고유한 가치를 발견하십시오.

스스로를 공격하지 마세요

우울은 분노와 연결되어 있습니다. 나의 분노가 타
인을 향하고 있는데 타인을 공격하는 것이 억압당하는
상태, 누군가를 증오하는데 그에게 증오를 표출할 수
없을 때, 그 분노의 화살은 자기 자신을 향하게 됩니다.
한 사람의 인간이 어디에도 분노를 표출하지 못해 스
스로에게 분노하고, 자기를 공격하고, 자신을 비하하는
안타까운 상황이 됩니다. 이 때 느끼게 되는 것이 우울
입니다.

아기를 낳아 키우면서 이 아이 때문에 내 자유를
빼앗겼다는 생각에 답답해집니다. 그런데 어린 아기에
게 화를 낼 수 있나요? 화를 못 내니까 결국 자기 자신
에게 분노하게 됩니다. 남편에게 이 어려움을 마음껏
내색할 수만 있다면 그나마 다행일 텐데, 그걸 받아주
는 남편은 사실상 드뭅니다. 그러니 고스란히 그 분노

가 자신에게 향합니다. 그렇게 산후우울증이 오는 겁니다.

직장에서도 마찬가지입니다. 정성스레 작성한 보고서를 무시하고, 시답잖은 일로 트집을 잡는 등 나로 하여금 분노를 품게 만드는 주체는 99퍼센트 상사입니다. 하지만 우리 현실은 감히 상사에게 분노를 표출하지 못합니다. 그렇게 상사에 대한 분노를 마음속으로만 곱씹으면서 결국 스스로를 파괴시키고 마는 것입니다.

'우울'이 특히 위험한 것은 '분노조절장애'로 발전될 수 있기 때문입니다.

얼마 전, 우연히 한 20대 대학생이 쓴 상담 글을 본 적이 있습니다. 이 학생은 기숙사 생활을 하고 있었는데 자신의 예민한 성격에 대해 조언을 구하는 글이었습니다. 내용인즉슨, 기숙사 방에 있으면 복도에서 나는 소리가 유독 잘 들리는데 그 중에서도 슬리퍼를 질질 끄는 소리가 너무 귀에 거슬린다는 것이었습니다.

마인드 바이블

처음에는 신경이 쓰이는 정도였는데 날이 갈수록 점점 그 소리에 예민하게 반응하게 되었고, 요즘은 슬리퍼 끄는 소리가 조금만 들려도 당장 뛰쳐나가 소리를 내는 사람을 공격하고 싶었다고 합니다.

그 예민함은 일상 속에서 순간순간 스스로를 괴롭혔습니다. 구내식당에서 식사를 할 때 누군가 식기를 달그락거리는 소리를 조금만 크게 내도 신경이 날카롭게 곤두서고, 급기야는 식판으로 그 사람을 때리고 싶은 충동을 느낀다는 것이었습니다.

그는 조금만 방심하면 비극적인 일을 자초할 것 같다는 불안감에 스스로 병원을 찾았고 의사로부터 분노조절장애의 문턱에 와있다는 소견을 받았다고 합니다. 게다가 이미 오래전부터 자신이 우울증을 앓아왔다는 사실도 알게 되었습니다.

뜻밖의 소견을 듣게 된 그 청년은 자신의 삶을 돌아보면서 자기 안에 웅크리고 있던 오래된 우울증이 어떻게 자라나게 되었는지를 술회하였습니다.

그는 어릴 때부터 가정폭력에 시달렸습니다. 아버지의 구타는 습관적이었고, 술에 취한 아버지의 모습은 거대한 악마 같았습니다. 하지만 술에서 깨고 나면 언제 그랬냐는 듯 나약하고 병든 아버지의 모습을 마주할 수밖에 없었다고 합니다. 결국 화를 낼 수도, 어디에 호소할 수도 없는 답답한 상황이 유년시절 내내 반복된 것입니다.

표출되지 못한 분노, 그것이 글쓴이의 마음 한구석에 켜켜이 쌓였고 그것은 결국 못난 자신을 공격하면서 우울이라는 감정을 만들어냈습니다. 표출되지 못한 분노로 인해 자신을 공격하면서 생겨난 우울, 그 우울은 결국 또다시 분노를 제대로 조절하지 못하는 분노조절장애를 낳았습니다. 그야말로 악순환인 것입니다.

마인드 바이블

이상과는 먼, 현실과는 가까운

그렇다면 우울은 우리에게 도대체 무엇을 이야기하려는 것일까요?

분노를 자기에게 표출하지 말라는 메시지를 전하고 있는 것입니다. 저는 우울을 통해서 중요한 것을 깨달았습니다. 현실적인 자기수준과 이상적인 자기수준이 조화를 이루어야 한다는 것입니다.

우리는 누구나 이상을 꿈꿉니다. 아무리 자신이 현실적인 인간이라고 자부할지라도 자기 자신에 대한 '이상적인 모습'을 그려보기 마련입니다. 그러나 이 이상적인 자신의 모습과 현실의 모습이 너무나 다르다면, 이때 문제가 발생합니다. 내가 꿈꾸는 나의 모습과 현실의 모습 간의 격차가 크면 클수록 인간은 스스로에게 분노하게 되기 때문입니다. 너무 높은 이상향은 좌절을 낳는 것처럼 너무 완벽한 자아상을 그리는 것은 현실의 나를 더욱 초라하게 할뿐입니다.

이럴 때 필요한 것이 '조화'입니다. 자신이 꿈꾸는 이상적인 자아상의 기준을 조금 낮추고, 지금보다 나아지기 위해 노력하되, 지금의 자기모습 또한 인정하고 받아들여야 합니다. '이상적인 나와 현실의 나' 사이에 생긴 간극을 줄여주는 것입니다.

> "자기 자신은 광야로 들어가 하룻길쯤 가서 한 로뎀나무 아래에 앉아서 자기가 죽기를 원하여 이르되 여호와여 넉넉하오니 지금 내 생명을 거두시옵소서 나는 내 조상들보다 낫지 못하나이다 하고"
>
> 열왕기상 19:4

저는 기독교 영성가들을 좋아합니다. 그런데 영성가들을 보면 영적으로 높은 경지에 이른 사람이 있는 반면 그렇지 못한 사람들이 더 많다는 것을 알게 됩니다. 그들은 거의 우울증을 가지고 있었습니다. 이유가 무엇일까요? 자신이 이루고픈 영적도달의 목표가 너무

마인드 바이블

높았기 때문입니다. 열심히 노력해서 예수님의 인격과 성품까지 이루고자 철저히 자기를 자학하고 금기를 실천하고 심지어 스스로를 채찍질하기까지 했으나 계속 실패하는 겁니다. 결국 많은 영성가들이 심한 우울증에 빠져 삶의 의욕까지 잃고 맙니다.

이런 경우는 자식교육에도 해당됩니다. 부모가 자식에게 "너는 세계최고가 돼야해. 아무도 너를 따라올 수 없도록 노력해야해!" 이렇게 비현실적인 목표를 설정하고 강요하면 아이는 자기가 이루지 못하는 한계를 반복적으로 겪으며 우울해지게 됩니다.

우리는 스스로 자기의 이상을 너무 높게 잡지 말고 현실적인 자기 자신을 받아 주어야 합니다. 나는 최고여야 하고 최고로 대접 받아야 한다는 생각에 자기 자신을 매몰시키면 자기의 그림자, 자기수준을 보지 못하고, 목표에 도달하지 못하는 자기 자신을 스스로 학대하게 되는 것입니다.

'있는 그대로의 자기 자신을 인정하고 받아들이라'
는 가르침, 이것이 우울의 감정이 전하는 메시지입니
다. 현실을 자학하지 마십시오. 스스로를 단번에 너무
높은 산의 정상에 올려놓지 마십시오. 초입부터 천천
히, 산 능선을 타며 완만한 언덕도 넘어보고 때로는 단
풍도 보면서 주어진 길을 걸어가다 보면 우울은 사라
지고 어제와는 다른 위치에 서있는 자신을 만나게 될
것입니다. 지금 여러분이 있는 그 자리를 인정하시고,
오늘도 부단히 나아가고 있는 스스로를 사랑해야 합니
다. 그것이 우울에 작별을 고하는 지름길입니다.

"나는 더 좋아질 수 있어! 나 자신을 공격하지 마!"
라고 스스로에게 말하십시오. 우울이 종적을 감추면
어딘가에 응어리진 분노도 슬그머니 자취를 감출 것입
니다.

2.
'NK세포' 활동과
우울은 어떤 관계일까?

"그 집의 늙은 자들이 그 곁에 서서 다윗을 땅에서
일으키려 하되 왕이 듣지 아니하고 그들과 더불어
먹지도 아니하더라"

사무엘하 12:17

우울이 신체에 미치는 영향은 엄청나게 많습니다.
신체의 질환에 의해서 우울이 일어나기도 하고, 우울
이 신체질환을 유발시키기도 합니다. 특히 암이나 심
근경색 등 여러 가지 중대질병이 우울증과 함께 진행
돼버리면 사망률이 급증한다는 사실은 이미 잘 알려
진 사실입니다. 특히 여성의 경우 유방암 수술을 받고

우울증이 동반되면 유방암만 가진 사람보다 사망률이 30퍼센트 이상 높다는 보고도 있습니다.

우울증은 그 자체로는 감기 정도의 질병이라고 한다지만, 우리 몸에 미치는 영향력은 실로 대단합니다. 피상적으로만 나열해 봐도 우울증에 걸리면 잠이 안 오고 식욕이 떨어지고 호흡이 곤란하고 가슴이 답답하고, 체중이 급격히 빠지거나 갑자기 찌기도 하는 다양한 이상증상이 나타납니다.

우울이 일으키는 몸속의 카오스

우울증은 우리 뇌 안의 신경전달물질에 교란을 일으킵니다. 우리의 마음 상태를 결정하는 대표적인 세 가지 신경전달물질을 꼽자면, 편안함과 안정을 주는 세로토닌, 쾌감과 즐거움을 느끼게 하는 도파민, 충동과 공격성을 일으키는 노르아드레날린으로 압축할 수 있습니다. 우울증에 걸리면 이와 같은 신경전달물질에 교란이 생깁니다. 인지와 학습, 그리고 기억을 담당하는 해마의 용량이 줄어들게 되고, 이 증상이 오래 지속되면 기억력이 떨어지고 인지 판단이 흐려지게 됩니다.

이렇게 신경전달물질이 교란이 되면, 기쁨과 슬픔 같은 기본적인 감정들조차 못 느끼게 됩니다. 기쁨을 기쁨으로 인지하지 못하고 슬픔을 슬픔으로 인지하지 못하게 된다는 것입니다. 한마디로 앙상한 겨울나무의 마른 가지처럼 정서가 메마르고 무미건조해집니다. 모두가 한바탕 웃음을 터뜨려도 도무지 웃기지 않고, 남들이 슬퍼서 하염없이 울어도 아무 느낌이 없는 상태로 살아가게 됩니다.

이런 방식의 우울이 지속되면 우울증을 앓는 사람의 약 65퍼센트 정도가 급기야 자살을 시도하기에 이른다고 합니다. 실제로 우리나라에서 자살하는 사람들

의 약 95퍼센트는 정신질환을 겪어온 사람들인데 그
중 88퍼센트 정도가 우울증이 원인이라는 충격적인 통
계도 있습니다. 안타깝게도 스스로 생을 마감하는 사
람들 중 대다수가 우울증을 앓아왔다는 것입니다.

우울은 꼬리에 꼬리를 물고

게다가 우울증은 면역체계에도 문제를 일으킵니
다. 우울증에 걸리게 되면 '미투겐 반응'이 감소됩니다.
미투겐 반응은 면역세포를 상승시키는 반응으로서 림
프구를 증식하는 분열반응입니다. 우울증에 걸리게 되
면 이런 미투겐 반응이 감소하면서 항체를 생산하는
B림프구, 직접 세포를 파괴하는 T세포, 암세포나 바이
러스에 감염된 세포를 죽이는 NK세포가 줄어들게 됩
니다. 한마디로 우리 몸 안에 해로운 이물질이나 질병
이 들어왔을 때 이에 맞서 싸울 힘이 약해진다는 것입

마인드 바이블

니다. 우울증이라는 정신적인 질병이 우리 몸을 사수하는 '천연 군대'를 무장해제 시켜버리는 셈입니다.

이뿐만이 아닙니다. 우울로 인해 면역력이 떨어지면 우리 몸에는 또 다른 변화가 일어납니다. 몸속에 '사이토카인'이라고 하는 단백질량이 늘어나게 되는 것입니다. 사이토카인은 면역계의 세포들이 서로 통신하기 위해 분비하는 단백질이라고 할 수 있는데, 문제는 이 사이토카인이라는 단백질이 염증이 되거나 DNA에 붙어 버리는 것입니다. 그럼 종양이나 암을 억제하는 역할을 하던 DNA가 차단되어 암세포의 공격에 저항하지 못하는 최악의 상황이 될 수도 있습니다. 오랫동안 우울증을 품고 있으면 스스로를 점점 더 죽음에 가까운 쪽으로 끌고 갈 수도 있다는 것입니다. 우울증이 동반하는 신체 반응은 이렇듯 엄청납니다.

잘 울고, 잘 지켜줘야 합니다

우울이라는 감정으로부터 우리 몸을 지키기 위해 우리는 어떻게 해야 할까요? 일단, 저는 여러분께 '잘 울어야 한다'고 당부하고 싶습니다. 슬플 때 잘 우는 것만으로도 우울증 치료에 효과를 볼 수 있습니다.

양파 껍질을 벗길 때 반응하는 눈물과 슬픔의 눈물은 그 성분 자체가 다릅니다. 양파를 까면서 흘리는 눈물은 그냥 물이지만 슬플 때 나오는 눈물에는 부신피질호르몬이 포함되어 있습니다. 몸에 해로운 물질이 슬픔의 눈물을 통해 밖으로 빠져 나오면서 몸과 마음이 정화되고 우울로 가는 과정을 막을 수가 있습니다.

"그 집의 늙은 자들이 그 곁에 서서 다윗을 땅에서 일으키려 하되 왕이 듣지 아니하고 그들과 더불어 먹지도 아니하더라"

사무엘하 12:17

그리고 우리는 우울이라고 하는 감정의 목적을 인지해야 합니다. 슬픔은 대상을 잃어버린 것을 고통스러워하는 것이고, 우울은 대상 상실을 자기 상실로 받아들여 생기는 감정입니다.

다윗이 아들의 죽음을 슬퍼하는 것은 슬픔입니다. 아들이라는 대상을 잃은 것에 대한 슬픔입니다. 그러나 엘리야가 동역했던 선지자들의 죽음 때문에 괴로워한 것은 우울입니다. 대상 상실을 마치 자기를 잃어버린 것으로 받아들이고 있기 때문입니다.

그리고 어떤 상황에서도 자기 자신을 잃지 않는 것이 중요합니다. 우리는 그 어떤 대상과도 동일화될 수 없는 고유한 존재입니다. 우리는 물질과도 동일화 될 수 없고, 다른 누구와도 동일화 될 수 없는 귀한 존재입니다. 무엇인가를 상실했다고 해서 내 존재가 끝나는 것이 아닙니다.

마지막으로, 지금 이곳에 존재하는 나를 스스로 받아들여야 합니다.

우울은 분노와 연결되어 있습니다. 내가 분노할 수 있는 대상을 찾지 못할 때 분노는 멈춰져야 합니다. 그런데 많은 사람들은 분노의 대상이 없을 때, 그 분노의 화살을 자신에게 당겨버립니다. 그렇게 자기를 공격해서 자기가 타격받은 상태가 우울이 되기도 합니다.

남을 공격하지 않을 거면 자기도 공격하지 말아야 합니다. 내가 잘났든 못났든 끝까지 지켜줘야 할 유일한 대상은 나 자신입니다. 내가 실수를 했든 잘못을 했든 끝까지 나를 보호하고 책임져야 할 대상은 자기 자신입니다. 있는 그대로의 자기 자신을 받아들일 때, 우울에서 멀어질 수 있는 것입니다.

감정의 조화, 몸의 균형

"너희 염려를 다 주께 맡기라 이는 그가 너희를
돌보심이라"

베드로전서 5:7

　건강한 감정을 가지고 있는 사람과 있으면 행복합
니다. 건강한 감정을 가지지 않은 사람들이 우리 주변
에 있으면 우리도 함께 힘들어 집니다. 우리의 몸이 건
강해야 마음도 편안한 것처럼, 우리의 감정 상태가 건
강하지 못하다면 스스로가 불행해 질 수 밖에 없습니
다. 그러니까 건강한 감정을 가지고 산다는 것은 자신
도 행복하고 주변 사람도 행복하게 하는 것입니다.

마인드 바이블

건강한 감정이란 무엇일까요? 매일 기쁘고 항상 즐거움으로만 가득 차 있으면 건강한 감정일까요? 그러면 좋을 듯 보이지만 사실 그건 건강한 감정이 아니라 병든 감정입니다.

하나님의 감정을 보게 되면, 항상 행복하기만 하지 않습니다. 이스라엘을 보시고 화를 내십니다. 걱정하십니다. 노여움의 감정을 수도 없이 많이 표현하십니다.

하나님의 감정이 건강하지 못한 걸까요?

다윗은 신앙이 위대한 사람인데, 그의 시편에서 쏟아내는 감정은 무엇인가요? 슬픔과 분노와 두려움 같은 미묘하고 격정적인 감정들을 그대로 보여줍니다. 하나님을 잘 믿는다고 하면서도 두렵고 노엽고 슬퍼합니다.

"형제들아 우리가 아시아에서 당한 환난을 너희가 모르기를 원하지 아니하노니 힘에 겹도록 심한 고난을 당하여 살 소망까지 끊어지고"

고린도후서 1:8

사도 중의 사도가 바울입니다. 위 말씀에서도 사도 바울이 자신의 감정을 어떻게 표현하고 있나요? 아시아에서 환난을 당할 때 살아갈 소망까지 끊어졌다고 합니다. 죽음에 대한 두려움을 느끼고 있다고 합니다.

예수님은 어떨까요? 예수님이면 '모두 다 사랑하리!' 하실 것 같지만 적잖게 노여움을 표출하십니다. 바리새인들을 미워하시고 저주하시기도 합니다. 성전에서 화를 내시면서 뒤집어엎으십니다. 무화과나무 열매가 없다고 나무에도 저주를 하십니다.

십자가를 지시기전 '이 잔을 제가 잘 마시겠나이다.' 하시지 않습니다. 잠을 자고 있는 제자들에게까지 당신의 힘들고 복잡한 감정을 표출하십니다. 내 마음이 심히 괴로워 죽게 생겼으니 함께 기도를 해달라고 부탁하십니다.

우리는 착각을 합니다. "두려움은 나쁜 거야!"

여러분 두려움이 없으면 어떻게 될까요? 도로 위에

차가 달리는데 우리에게 두려움이 없다면 어떻게 될까요? 아이가 강을 두려워하지 않아 물속으로 성큼성큼 들어간다면 어떻게 되겠습니까? 사실 두려움 때문에 우리는 자기 자신을 보호할 수 있는 것입니다.

만일 슬픈 감정이 없다면 어떻게 될까요? 다른 사람을 이해할 수 없습니다. 공감할 수 없습니다. 슬픔이란 본래 자신으로 돌아오기 위해서 순화시키는 이로운 감정입니다.

또 부러움이 없다면 어떻게 될까요? 요즘에 "부러우면 지는 거"라는 말이 유행이라고 하던데, 부러우면 지는 것인가요? 저는 20대 청년들의 젊음을 보면 매우 부럽습니다. 부러운 게 당연한 겁니다. 이런 부러움 때문에 자기가 발전하는 겁니다. 부러움이 있어야 '내가 좀 더 노력해야겠다'는 다짐을 하게 되는 겁니다. 부러움이 없다면 그 사람은 늘 그 자리에 머물러 있게 됩니다.

만일 노여움의 감정이 없다면 어찌 될까요? 노여움이 없다면 바보입니다. 노여움 때문에 자기의 품위와

가치를 지키게 되는 것입니다.

우리가 느끼는 1차적인 감정은 당연하고 건강한 감정입니다. 정작 문제가 되는 것은 2차적인 감정입니다. 1차 감정이 왜곡되어서 나타나는 2차 감정이 문제입니다. 두려움은 당연합니다. 그런데 두려움이 커져서 공황이나 공포감이라고 하는 2차 감정이 되는 것이 문제입니다.

부러워하는 것은 당연한 감정인데, 부럽다, 부럽다 하다가 왜곡되어서 부러움이 시기와 질투심으로 바뀌는 것이 문제입니다.

슬픈 감정은 반드시 필요합니다. 사랑하는 사람이 죽으면 슬퍼야 합니다. 그러나 슬픔이 집착이 되고 정도가 심해지면 상실감이라고 하는 2차 감정으로 변이됩니다.

노여움은 어떻습니까? 당연히 필요한 감정입니다.

그러나 노여움이 증폭되어 분노로 바뀌면 폭행과 살인이 일어나기도 합니다.

"너희 염려를 다 주께 맡기라 이는 그가 너희를 돌보심이라"

베드로전서 5:7

하나님은 우리가 느끼는 1차 감정을 당연하게 주셨습니다. 그런데 그 감정을 알아차리고 이해해서 적절히 표현하지 못하면 노여움은 분노로 슬픔은 상실감으로 두려움은 공포감으로 바뀌어 사람의 감정 상태가 지옥이 되어 버립니다.

하나님도 당신의 1차 감정을 토로하십니다. 그러나 화가 난다는 감정을 표현하시지, 왜곡된 2차 감정으로 가지 않았습니다. 시편 75장에서 다윗은 자기의 1차 감정을 다 토로했습니다. 1차 감정이 2차 감정으로 변이되기 전에 지혜롭게 표현했다는 겁니다.

우리는 감정을 잘 이해해야 합니다. 내가 누군가를 볼 때 미운 감정이 일어날 수 있습니다. 그런데 그 미운 감정을 스스로 의식하지 못하고 이해하지 못한 채 표출하지 않고 쌓아두고만 있다면 증오로 바뀝니다. '나는 당신이 하는 짓이 싫다'고 제때 말할 수 있어야 합니다. 자신의 감정을 이해하지 못하고 혼자 가슴 속에 쌓아두기만 하면 그 감정은 온갖 독기를 가진 부정적인 감정이 되는 것입니다.

내 감정을 이해하고 표현할 줄 알면 모든 감정은 사랑으로 수렴됩니다. 우리 마음에 어떤 감정이 일어날 때, 감정의 균형을 찾고, 그 감정이 잘 쓰이도록 조율을 해야 합니다. 이 조율에 성공하면 여러분의 삶은 지혜와 포용과 품위가 넘치는 풍요로운 인생이 될 것입니다.

마인드 바이블

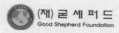

굳셰퍼드재단 www.gsfoundation.net

굳셰퍼드재단은 2001년부터 시작된 선한목자병원의 무료진료 봉사를 시작으로 2004년에 정식 설립되었습니다. 2012년에 외교통상부의 비영리민간단체로 등록되어 아이티, 네팔, 라오스, 미얀마, 파라과이, 캄보디아 등 13개국에 16개의 무료진료소를 설립 및 운영하고 있습니다. 또한 저개발 국가의 지구학교와 학교 보건실 설립을 지원하고 있으며, 국내에서는 노숙자 진료와 무의촌 의료봉사 및 장학사업 등에 힘쓰고 있습니다.

선한목자병원 www.gsfound.com

2001년 개원한 선한목자병원은 "전인적인 회복을 돕는 병원"이라는 비전 아래 [사랑, 자부심, 치유, 믿음]이라는 기독교적 핵심가치를 추구하며 시작되었습니다. 진료과목은 정형외과, 외과, 내과, 건강검진센터이며 최상의 의료서비스를 제공하고 있습니다. 한편 병원으로는 유일하게 2014년부터 현재까지 CCM(소비자중심경영) 인증을 획득하여 병원서비스의 질을 개선하는데 노력해오고 있습니다.

마인드 바이블

내가 몰랐던 내 감정의 비밀

초판 1쇄 발행 2020년 5월 25일
초판 2쇄 발행 2020년 8월 10일

지은이	이창우
발행인	김정신
편집	이상완, 이지선
디자인	이민영
펴낸곳	서우북스

주소	서울시 강남구 논현로 507 성지하이츠 3차B/D 107호
팩시밀리	02-556-9175
이메일	wan1-2-3@hanmail.net
홈페이지	seowoobooks.com

ISBN 979-11-963804-4-1 03180

"서우(瑞友)"는 "남녀노소 모든 사람들에게 복이 되는 친구"라는 뜻으로 서우북스는 문서 출판을 통하여 좋은 친구처럼 도움을 주는 일에 주력하고자 합니다.

이 도서의 판매 수익금 일부는 선한목자병원과 굿세퍼드재단이 함께 추진하는 '13개국의 16개 무료진료센터' 운영과 '캄보디아 아이들에게 약 보내기' 캠페인에 기부됩니다.